SUSHI

特別
純米

Titolo originale: Sushi Frame-by-frame

Art Director: Marco Nardi
Testi: Ikuei Arakane, Carla Bardi
Fotografie: Brent Parker Jones
Food Stylist: Lee Blaylock; *assistant:* Rochelle Seator
Traduzione e cambio lingua: Vanina Carta

PER L'EDIZIONE ITALIANA

Socio Unico Giangiacomo Feltrinelli Editore srl
Via Andegari, 6 - 20121 Milano
info@gribaudo.it
www.feltrinellieditore.it/gribaudo/
Prima edizione: 2016 [6(C)] 978-88-580-1544-5

Stampato in Italia

NOTA: tutto il pesce che si intende consumare crudo o semicrudo (anche se marinato o affumicato) deve essere preventivamente lasciato in freezer a -18 °C per almeno 96 ore, per evitare il rischio di contaminazione da *Anisakis*

IKUEI ARAKANE
CARLA BARDI

SUSHI *facilissimo*

25 VIDEO RICETTE

GRIBAUDO

Sommario

Introduzione

TUTTI ADORANO IL SUSHI! E non senza motivo...
Il sushi è sano, fresco, leggero, oltre a essere divertente da servire e da gustare. Basato su una semplice ricetta che prevede l'abbinamento di riso acetato e una vastissima selezione di ripieni freschissimi, il sushi può presentarsi in forma di rotolino, di pietanza, oppure può essere nascosto in un involtino o pressato a mattonella, per una straordinaria varietà di portate. In questo libro vi mostreremo le tecniche per realizzarlo nelle sue tipologie principali, dai rotolini o dai coni fino ai piatti più elaborati, come il nigiri e i fagottini di tofu. Ma non mancano le ricette per zuppe di miso, insalate, sashimi e decorazioni, per darvi la possibilità di preparare un intero pasto in stile giapponese.

COME FUNZIONA IL LIBRO

Questo volume vi offre un approccio completamente nuovo alla cucina, poiché in grado di insegnarvi le tecniche di base per preparare il sushi mostrando dei semplici video o sequenze di *step* fotografici. Ma non solo, perché, accanto alle tecniche fondamentali, non mancano alcune varianti che vi permetteranno di allenarvi e di impratichirvi abbastanza da realizzare altre classiche versioni di sushi, magari assaggiate già al ristorante, o altre vostre personali interpretazioni.

In ogni capitolo c'è una ricetta principale con alcune varianti.

Per avviare il video, punta la fotocamera del dispositivo mobile sulla foto con cerchio rosso e freccia bianca.

La ricetta principale è corredata dell'immagine del risultato finale.

PER 4 ROTOLINI (24 PEZZI) PREPARAZIONE 30 MINUTI + TEMPO DI PREPARAZIONE DEL RISO

Ura hosomaki

SI TRATTA di sottili rotolini "rivoltati", chiamati in giapponese *ura hosomaki*.

COME i celeberrimi California maki e altri rotolini "al rovescio", gli ura hosomaki non sono tipici giapponesi, pur essendo, oggi come oggi, diffusi anche in Giappone. Per il ripieno si usa in genere un solo ingrediente principale: nelle pagine a seguire ve ne presentiamo di tre tipi, ma di certo, una volta padroneggiata la tecnica, sarete in grado di creare una gamma ben più vasta di farce in base alle vostre preferenze. Gli ura hosomaki sono davvero stuzzicanti, deliziosi, delicati: una grande idea per l'antipasto e una proposta visivamente accattivante per arricchire un buffet o un party.

URA HOSOMAKI ALL'AVOCADO

Per l'acqua acidulata
250 ml di acqua fredda
1-2 cucchiai di aceto di riso

Per i rotolini
1 avocado
2 fogli di alga nori
1/2 dose di riso per sushi (vedi pp. 14-17)
pasta wasabi (facoltativa)
2 cucchiai di semi di sesamo nero
zenzero marinato e cetriolo fresco per decorare

NELLA PAGINA SEGUENTE: URA HOSOMAKI ALL'AVOCADO

22 URA HOSOMAKI

Gli step della preparazione sono numerati e spiegati nei dettagli.

Se non siete esperti di sushi, i video saranno molto utili, come pure le sequenze fotografiche step-by-step, che presentano la ricetta principale come una successione di fotogrammi numerati e completi di descrizione. Il livello di precisione e dei dettagli consente un sicuro apprendimento delle tecniche.

Le varianti condividono con la ricetta principale la stessa preparazione generale. I video e le sequenze mostrano le tecniche di base; le varianti presentano invece nuovi piatti.

Per facilitare l'apprendimento e per comodità, ogni ricetta include alcune informazioni fondamentali elencate in alto: numero di porzioni, tempo di preparazione e di cottura.

Ura hosomaki all'avocado
Step by step

1. Per l'acqua acidulata, mescolate l'acqua all'aceto di riso in una ciotolina e tenete da parte.
2. Foderate di pellicola per alimenti una stuoia di bambù da sushi.
3. Tagliate i fogli di alga nori a metà, in modo perpendicolare alla venatura, con un coltello affilato o forbici da cucina.
4. Tagliate l'avocado lungo la metà seguendo il profilo del nocciolo. Dividete il frutto in due e rimuovete il nocciolo. Tagliate la polpa in quarti, poi a fette spesse 1 cm e sbucciatele.
5. Sulla metà inferiore della stuoia, disponete mezzo foglio di alga nori. La venatura dell'alga deve essere perpendicolare alla stuoia.
6. Immergete le dita nell'acqua acidulata. Prendete una manciata di riso e pressate bene modellando un cilindro uniforme.
7. Disponete il riso al centro del foglio e allargatelo con la punta delle dita, lasciando il bordo superiore libero per 1 cm circa.
8. Cospargete 1/2 cucchiaio di semi di sesamo sui chicchi.
9. Sollevate il foglio di *nori* ricoperto di riso e capovolgetelo sulla stuoia.
10. Picchiettate un po' di pasta wasabi lungo la linea centrale dell'alga e adagiatevi delle fettine di avocado.
11. Sollevate il lato della stuoia più vicino a voi e arrotolatelo sul ripieno fino a far combaciare i due lati opposti dell'alga. Così facendo, dovreste poter vedere il bordo libero. Sollevate di poco la stuoia e continuate ad avvolgere.
12. Su un tagliere pulito e asciutto affiancate due rotolini.
13. Con un coltello bagnato nell'acqua acidulata, tagliateli prima in 2, poi ciascuna metà in 3 pezzi.
14. Tagliate qualche pezzo più lungo.
15. Disponeteli nei piatti, decorate con zenzero e cetriolo, quindi servite.

VARIANTE PER 4 ROTOLINI (24 PEZZI) PREPARAZIONE 30 MINUTI + TEMPO DI PREPARAZIONE DEL RISO

Ura hosomaki salmone affumicato & aneto

Per l'acqua acidulata
250 ml di acqua fredda
1-2 cucchiai di aceto di riso

Per i rotolini
2 fogli di alga nori
1/2 dose di riso per sushi (vedi pp. 14-17)
2 cucchiai di semi di sesamo bianco
pasta wasabi
150 g di fettine sottili di salmone affumicato
aneto fresco, 1 limone non trattato, a fettine sottili e zenzero marinato, per decorare

- Preparate l'acqua acidulata.
- Foderate di pellicola per alimenti una stuoia di bambù da sushi.
- Tagliate i fogli di alga nori a metà.
- Disponete una delle due metà sulla parte inferiore della stuoia.
- Bagnate le dita nell'acqua acidulata e allargate il riso in modo uniforme sul foglio.
- Cospargete il sesamo sui chicchi.
- Sollevate il foglio di nori ricoperto di riso e capovolgetelo sulla stuoia.
- Picchiettate un po' di pasta wasabi lungo la linea centrale del foglio, quindi adagiatevi le fettine di salmone e l'aneto.
- Avvolgete l'involtino seguendo le istruzioni del video o gli step a fianco. Fate lo stesso con gli ingredienti rimasti.
- Affettate i rotolini, impiattateli in modo decorativo e servite.

VARIANTE PER 4 ROTOLINI (24 PEZZI) PREPARAZIONE 30 MINUTI + TEMPO DI PREPARAZIONE DEL RISO COTTURA 1 MINUTO

Ura hosomaki capesante & coriandolo

Per l'acqua acidulata
250 ml di acqua fredda
1-2 cucchiai di aceto di riso

Per i rotolini
1-2 cucchiai di olio vegetale
150 g di capesante fresche, private del corallo e a fettine
2 fogli di alga nori
1/2 dose di riso per sushi (vedi pp. 14-17)
50 g di foglie di coriandolo fresco
crescione e riccioli di carota, per decorare

- Preparate l'acqua acidulata.
- In un padellino, scaldate l'olio a fuoco medio. Unite le capesante e scottatele 30 secondi per lato. Tenetele da parte.
- Foderate di pellicola per alimenti una stuoia di bambù da sushi.
- Tagliate i fogli di alga *nori* a metà.
- Disponete una delle due metà sulla parte inferiore della stuoia.
- Immergete le dita nell'acqua acidulata e allargate uno strato di riso sul foglio.
- Sollevate l'alga nori ricoperta di chicchi e capovolgetela sulla stuoia.
- Adagiate le capesante in fila lungo la linea centrale del foglio e completate con il coriandolo.
- Avvolgete l'involtino seguendo le istruzioni del video o gli *step* a fianco. Ripetete i passaggi con gli altri ingredienti.
- Affettate i rotolini, impiattateli e servite.

URA HOSOMAKI 25

Tre facili passaggi:

1

SCARICA la **FoodFlix App** gratis, da Apple Store o da Google Play sul vostro dispositivo mobile (smartphone o tablet).

LA FOODFLIX APP È SIA PER IOS CHE PER ANDROID

La **FoodFlix App** può essere scaricata gratuitamente, è leggera ed è disponibile sia per dispositivi iOS (da Apple Store) sia per quelli Android (da Google Play).

Available on the App Store

GET IT ON Google play

L'icona della FoodFlix app su Apple Store e Google Play.

2

AVVIA la *app* puntando la fotocamera sull'immagine contrassegnata con cerchio rosso e freccia bianca (*play*).

I video durano da 1 a 3 minuti. La durata è indicata nell'angolo in basso a destra dell'immagine contrassegnata con il simbolo play.

3

GUARDA il video (con o senza colonna sonora).

NIENTE INTERNET? NO PROBLEM!

La vostra connessione internet non funziona? In cucina non arriva il Wi-Fi? Non c'è problema, perché potrete comunque utilizzare la **FoodFlix App** che, una volta scaricata sul vostro dispositivo, non necessita di connessione. Se poi l'avete cancellata per sbaglio, vi basterà scaricarla ancora da Apple Store o Google Play.

RICORDA...

NIENTE LIBRO, NIENTE VIDEO!

Dal momento che sono necessarie le immagini del libro contrassegnate con il simbolo *play* per attivare i video, la **FoodFlix App** può funzionare solo se avete anche il volume.

PORZIONI **4-6** PREPARAZIONE **30 MINUTI + 30-60 MINUTI DI RIPOSO** COTTURA **15 MINUTI + 15 MINUTI DI RIPOSO**

Sushi meshi

SUSHI è un termine generico per indicare qualsiasi abbinamento al riso bollito e condito con aceto zuccherato. In giapponese, il riso preparato così si chiama *sushi meshi*.

SUSHI MESHI

400 g di riso per sushi (riso glutinoso a grana corta)
500 ml di acqua
1 pezzo di alga kombu di 5x7,5 cm (facoltativo)
3 cucchiai di zucchero
120 ml di aceto di riso giapponese
1 cucchiaino e 1/2 di sale

IL SUSHI si prepara con del riso bianco a grana corta, bollito e condito con aceto leggermente addolcito. Benché si presenti colloso, se è ben preparato, il sushi meshi è più al dente rispetto al comune riso bianco bollito, poiché si usa meno acqua in cottura. Raffreddare in fretta i chicchi senza smettere di mescolare è il segreto del successo. In questa fase si utilizza un mastello poco profondo in legno di cipresso giapponese, l'hangiri. È un oggetto costoso e difficilmente reperibile fuori dal Giappone, per cui potete ricorrere a una comune terrina non di metallo (che può reagire con l'aceto e dare un sapore sgradevole).

NELLA PAGINA SEGUENTE: SUSHI MESHI.

1
2
4
5
7
8
10
11
13
14

Sushi meshi
Step by step

1. Versate il riso in un'ampia ciotola e sciacquate sotto l'acqua fredda corrente.
2. Per 3-4 minuti, passate ripetutamente le mani tra i chicchi per eliminare l'amido.
3. Trasferite in un colino e lasciate riposare per 30-60 minuti.
4. Versate il riso in una pentola di medie dimensioni e aggiungete l'acqua.
5. Se usate l'alga kombu (esaltatore di sapidità), con le forbici da cucina praticatevi delle incisioni per fare in modo che rilasci sapore durante la cottura.
6. Coprite la pentola e portate a bollore a fuoco medio. Riducete la fiamma lasciando sobbollire per 15 minuti. Spegnete e fate riposare, senza scoprire, per altri 15 minuti.
7. In un pentolino, mescolate lo zucchero, l'aceto e il sale.
8. Scaldate il composto a fuoco basso, mescolando di tanto in tanto, fino a far sciogliere lo zucchero.
9. Togliete dal fuoco e versate l'aceto zuccherato in una caraffa di vetro, lasciando raffreddare leggermente.
10. Eliminate l'alga kombu dalla pentola.
11. Trasferite il riso in un *hangiri* o in un'ampia terrina bassa.
12. Insaporite innaffiando il condimento prima su una paletta da riso o un cucchiaio di legno piatto.
13. Mescolate delicatamente, tracciando dei solchi orizzontali tra i chicchi e avendo cura di non romperli. Continuate per circa 10 minuti, fino a far intiepidire il riso e finché non apparirà colloso e lucido.
14. Usate un ventaglio o un giornale per fare aria e raffreddare, mentre mescolate.
15. Se non consumate subito il riso, copritelo con un panno pulito umido e tenetelo in un luogo fresco, ma non in frigorifero, e servitelo sempre entro la giornata in cui è stato preparato.

VARIANTE PORZIONI **4-6** PREPARAZIONE **30 MINUTI + 30-60 MINUTI DI RIPOSO** COTTURA **40 MINUTI**

Riso integrale per sushi

Nonostante non sia di uso tradizionale, per il sushi potete utilizzare anche il riso integrale, che aggiunge sapore e consistenza a molti piatti. Poiché ha meno glutine, funziona meglio nelle tipologie di sushi dove il foglio di alga avvolge esternamente gli ingredienti. È ideale per i classici rotolini a cilindro o a cono, per i piatti misti o le insalate. Ricordate, però, che è più gustoso di quello bianco, e che può quindi sovrastare i sapori delicati.

La preparazione con il riso integrale è un po' più semplice rispetto a quella con il bianco, ma la cottura è più lunga.

400	g di riso integrale a grana corta
1,5	l di acqua
120	ml di aceto di riso giapponese
3	cucchiai di miele o di zucchero
1	cucchiaino e 1/2 di sale

- Passate il riso in abbondante acqua fredda corrente per qualche secondo. Il riso integrale non necessita di essere sciacquato tanto quanto il bianco.
- Trasferite in un colino e lasciate riposare per 30-60 minuti.
- Versate il riso in una pentola e unite l'acqua. Mettete a cuocere a fuoco medio, coprite e portate a bollore. Riducete la fiamma lasciando sobbollire per 40 minuti. Togliete dal fuoco.
- Intanto, in una ciotola, incorporate il sale, l'aceto di riso e il miele.
- Trasferite il riso in un *hangiri* oppure in una terrina bassa. Condite con l'aceto addolcito, mescolando delicatamente con una paletta da riso o un cucchiaio piatto in legno, per non rompere i chicchi. Continuate tracciando dei solchi orizzontali finché il riso non sarà tiepido, colloso e lucido. Per questa operazione saranno necessari 10 minuti.
- Usate un ventaglio o un giornale per fare aria e raffreddare, mentre mescolate i chicchi.
- Se non consumate subito il riso, copritelo con un panno pulito e umido tenendolo in un luogo fresco.
- Il riso per sushi, una volta pronto, si conserva bene a temperatura ambiente fino a sei ore, pertanto va servito entro la giornata in cui è stato preparato. Inoltre non va tenuto in frigorifero: i chicchi si seccano e diventa difficile lavorarli per farne polpette, involtini ecc.

PER **4 ROTOLINI (24 PEZZI)** PREPARAZIONE **30 MINUTI + TEMPO DI PREPARAZIONE DEL RISO**

Hosomaki

I rotolini sottili di sushi si chiamano *hosomaki*.

Hoso, infatti, significa «piccolo»

o «esile» in giapponese.

HOSOMAKI *è il termine che indica dei minirotolini a cilindro, di 2,5 cm circa di diametro, generalmente farciti di riso e uno o due ingredienti al massimo, come il tonno, il cetriolo o l'avocado. L'alga nori avvolge il tutto esternamente. Volendo, potete preparare un piatto variegato con due o tre ripieni diversi e, per rendere gli involtini più stuzzicanti, aggiungere una decorazione colorata, come il caviale di salmone* (vedi *pag. 21).*

HOSOMAKI TONNO & WASABI

Per l'acqua acidulata

250 ml di acqua fredda
1-2 cucchiai di aceto di riso

Per i rotolini

1 filetto di tonno fresco da sashimi di 180 g, tagliato a tranci di 1 cm
2 fogli di alga nori
pasta wasabi
1/2 dose di riso per sushi (*vedi* ricetta pp. 14-17)
foglie di banano, zenzero marinato, 1 limone non trattato a fettine sottili e aneto fresco per decorare

NELLA PAGINA SEGUENTE:
HOSOMAKI TONNO & WASABI.

Hosomaki tonno & wasabi

Step by step

1. Per l'acqua acidulata, mescolate l'acqua all'aceto di riso e tenete da parte.
2. Foderate di pellicola per alimenti una stuoia di bambù da sushi.
3. Tagliate i fogli di alga nori a metà, in modo perpendicolare alla venatura, con un coltello affilato o forbici da cucina.
4. Ricavate 4 strisce dal filetto di tonno, dello spessore di una penna e lunghe 20 cm circa, ma andranno bene anche più corte, poiché in tal modo potrete usarne più di una per involtino.
5. Sulla metà inferiore della stuoia, disponete un foglio di nori con il lato lucido rivolto verso il basso. La venatura dell'alga deve risultare perpendicolare alla stuoia.
6. Immergete le dita nell'acqua acidulata. Prendete una manciata di riso e pressate bene modellando un cilindro regolare.
7. Disponete il riso al centro dell'alga e allargatelo in modo uniforme con la punta delle dita. Raccogliete ordinatamente i chicchi sparsi lungo i lati del foglio lasciando

VARIANTE Per **4 rotolini (24 pezzi)** preparazione **30 minuti + tempo di preparazione del riso**

Hosomaki al cetriolo

Per l'acqua acidulata
250 ml di acqua fredda
1–2 cucchiai di aceto di riso

Per i rotolini
2 fogli di alga nori
1 cetriolo piccolo, con la buccia
1/2 dose di riso per sushi (*vedi* pp. 14-17)
pasta wasabi

• Preparate l'acqua acidulata.

• Foderate di pellicola per alimenti una stuoia di bambù da sushi.

• Tagliate l'alga nori a metà.

• Eliminate le estremità del cetriolo. Tagliatelo prima a metà nel senso della lunghezza, poi in 4 bastoncini, quindi estraete i semi.

• Disponete un foglio di nori sulla metà inferiore della stuoia.

• Immergete le dita nell'acqua acidulata e allargate il riso sul foglio.

• Picchiettate la pasta wasabi lungo la linea centrale del riso e adagiatevi un bastoncino di cetriolo.

• Arrotolate l'involtino seguendo le istruzioni del video o gli step riportati in alto. Ripetete gli stessi passaggi con gli altri ingredienti.

• Affettate i rotolini.

• Sistemate gli hosomaki su uno o più piatti da portata e servite.

il bordo superiore libero per 1 cm circa.

8. Con i polpastrelli picchiettate un po' di pasta wasabi lungo il centro del riso e sovrapponetevi una striscia di tonno. Se ne avete più di una, sistematele una dietro l'altra lungo la linea centrale.
9. Tenendo fermo il ripieno con le dita, sollevate il lato della stuoia più vicino a voi e arrotolatelo sul ripieno. Togliete le dita e avvolgete fino a far combaciare i due lati opposti dell'alga. Così facendo, dovreste poter vedere chiaramente il bordo senza riso. Sollevate di poco la stuoia e proseguite ad arrotolare. L'umidità del riso farà aderire tra loro i due lati del foglio sigillando l'involtino. Togliete la stuoia con cura e tenetelo da parte mentre preparate gli altri.
10. Su un tagliere pulito e asciutto disponete due rotolini uno di fianco all'altro. Immergete un coltello affilato nell'acqua acidulata e tagliateli prima a metà, quindi affettate ciascuna delle 2 parti in altri 3 pezzi.
11. Se preferite, affettate qualche involtino diagonalmente, per rendere più accattivante la presentazione.
12. Disponete gli hosomaki su uno o più piatti da portata (che volendo potrete prima ricoprire con foglie di banano). Decorate con zenzero, fettine di limone e aneto, quindi servite.

VARIANTE PER **4 ROTOLINI (24 PEZZI)** PREPARAZIONE **30 MINUTI + TEMPO DI PREPARAZIONE DEL RISO**

Hosomaki salmone & avocado con caviale di salmone

Per l'acqua acidulata
250 ml di acqua fredda
1–2 cucchiai di aceto di riso

Per i rotolini
2 fogli di alga nori
1 avocado sbucciato, denocciolato e tagliato a bastoncini
1 filetto di salmone fresco da sashimi di 90 g, spellato e spinato
1/2 dose di riso per sushi (*vedi* pp. 14-17)
pasta wasabi
60 g di caviale di salmone, per decorare

- Preparate l'acqua acidulata.
- Foderate di pellicola per alimenti una stuoia di bambù da sushi.
- Tagliate l'alga nori a metà.
- Ricavate dal filetto di salmone lunghe strisce di 1 cm di spessore.
- Disponete un foglio di nori sulla metà inferiore della stuoia.
- Immergete le dita nell'acqua acidulata e allargate il riso in modo uniforme sul foglio.
- Picchiettate la pasta wasabi lungo la linea centrale del riso, poi adagiatevi una striscia di salmone e una di avocado.
- Arrotolate l'involtino seguendo le istruzioni del video o gli *step* i riportati in alto. Ripetete gli stessi passaggi con gli altri ingredienti.
- Affettate i rotolini, decorateli con il caviale di salmone, impiattateli e servite.

PER **4 ROTOLINI (24 PEZZI)** PREPARAZIONE **30 MINUTI + TEMPO DI PREPARAZIONE DEL RISO**

Ura hosomaki

SI TRATTA di sottili rotolini "rivoltati", chiamati in giapponese *ura hosomaki*.

COME i celeberrimi California maki e altri rotolini "al rovescio", gli ura hosomaki non sono tipici giapponesi, pur essendo, oggi come oggi, diffusi anche in Giappone. Per il ripieno si usa in genere un solo ingrediente principale: nelle pagine a seguire ve ne presentiamo di tre tipi, ma di certo, una volta padroneggiata la tecnica, sarete in grado di creare una gamma ben più vasta di farce in base alle vostre preferenze. Gli ura hosomaki sono davvero stuzzicanti, deliziosi, delicati: una grande idea per l'antipasto e una proposta visivamente accattivante per arricchire un buffet o un party.

URA HOSOMAKI ALL'AVOCADO

Per l'acqua acidulata

250 ml di acqua fredda
1-2 cucchiai di aceto di riso

Per i rotolini

1 avocado
2 fogli di alga nori
1/2 dose di riso per sushi (*vedi* pp. 14-17)
pasta wasabi (facoltativa)
2 cucchiai di semi di sesamo nero
zenzero marinato e cetriolo fresco per decorare

NELLA PAGINA SEGUENTE: URA HOSOMAKI ALL'AVOCADO.

1
2
4
5
7
8
10
11
13
14

Ura hosomaki all'avocado *Step by step*

1. Per l'acqua acidulata, mescolate l'acqua all'aceto di riso in una ciotolina e tenete da parte.
2. Foderate di pellicola per alimenti una stuoia di bambù da sushi.
3. Tagliate i fogli di alga nori a metà, in modo perpendicolare alla venatura, con un coltello affilato o forbici da cucina.
4. Tagliate l'avocado lungo la metà seguendo il profilo del nocciolo. Dividete il frutto in due e rimuovete il nocciolo. Tagliate la polpa in quarti, poi a fette spesse 1 cm e sbucciatele.
5. Sulla metà inferiore della stuoia, disponete mezzo foglio di alga nori. La venatura dell'alga deve essere perpendicolare alla stuoia.
6. Immergete le dita nell'acqua acidulata. Prendete una manciata di riso e pressate bene modellando un cilindro uniforme.
7. Disponete il riso al centro del foglio e allargatelo con la punta delle dita, lasciando il bordo superiore libero per 1 cm circa.
8. Cospargete 1/2 cucchiaio di semi di sesamo sui chicchi.
9. Sollevate il foglio di *nori* ricoperto di riso e capovolgetelo sulla stuoia.
10. Picchiettate un po' di pasta wasabi lungo la linea centrale dell'alga e adagiatevi delle fettine di avocado.
11. Sollevate il lato della stuoia più vicino a voi e arrotolatelo sul ripieno fino a far combaciare i due lati opposti dell'alga. Così facendo, dovreste poter vedere il bordo libero. Sollevate di poco la stuoia e continuate ad avvolgere.
12. Su un tagliere pulito e asciutto affiancate due rotolini.
13. Con un coltello bagnato nell'acqua acidulata, tagliateli prima in 2, poi ciascuna metà in 3 pezzi.
14. Tagliate qualche pezzo più lungo.
15. Disponeteli nei piatti, decorate con zenzero e cetriolo, quindi servite.

VARIANTE Per **4 rotolini (24 pezzi)** preparazione **30 minuti + tempo di preparazione del riso**

Ura hosomaki salmone affumicato & aneto

Per l'acqua acidulata
250 ml di acqua fredda
1–2 cucchiai di aceto di riso

Per i rotolini
2 fogli di alga nori
1/2 dose di riso per sushi (*vedi* pp. 14-17)
2 cucchiai di semi di sesamo bianco
pasta wasabi
150 g di fettine sottili di salmone affumicato
aneto fresco, 1 limone non trattato, a fettine sottili e zenzero marinato, per decorare

- Preparate l'acqua acidulata.
- Foderate di pellicola per alimenti una stuoia di bambù da sushi.
- Tagliate i fogli di alga nori a metà.
- Disponete una delle due metà sulla parte inferiore della stuoia.
- Bagnate le dita nell'acqua acidulata e allargate il riso in modo uniforme sul foglio.
- Cospargete il sesamo sui chicchi.
- Sollevate il foglio di nori ricoperto di riso e capovolgetelo sulla stuoia.
- Picchiettate un po' di pasta wasabi lungo la linea centrale del foglio, quindi adagiatevi le fettine di salmone e l'aneto.
- Avvolgete l'involtino seguendo le istruzioni del video o gli step a fianco. Fate lo stesso con gli ingredienti rimasti.
- Affettate i rotolini, impiattateli in modo decorativo e servite.

VARIANTE Per **4 rotolini (24 pezzi)** preparazione **30 minuti + tempo di preparazione del riso** cottura **1 minuto**

Ura hosomaki capesante & coriandolo

Per l'acqua acidulata
250 ml di acqua fredda
1–2 cucchiai di aceto di riso

Per i rotolini
1–2 cucchiai di olio vegetale
150 g di capesante fresche, private del corallo e a fettine
2 fogli di alga nori
1/2 dose di riso per sushi (*vedi* pp. 14-17)
50 g di foglie di coriandolo fresco
crescione e riccioli di carota, per decorare

- Preparate l'acqua acidulata.
- In un padellino, scaldate l'olio a fuoco medio. Unite le capesante e scottatele 30 secondi per lato. Tenetele da parte.
- Foderate di pellicola per alimenti una stuoia di bambù da sushi.
- Tagliate i fogli di alga *nori* a metà.
- Disponete una delle due metà sulla parte inferiore della stuoia.
- Immergete le dita nell'acqua acidulata e allargate uno strato di riso sul foglio.
- Sollevate l'alga nori ricoperta di chicchi e capovolgetela sulla stuoia.
- Adagiate le capesante in fila lungo la linea centrale del foglio e completate con il coriandolo.
- Avvolgete l'involtino seguendo le istruzioni del video o gli *step* a fianco. Ripetete i passaggi con gli altri ingredienti.
- Affettate i rotolini, impiattateli e servite.

PER **4 ROTOLINI (32 PEZZI)** PREPARAZIONE **30 MINUTI + TEMPO DI PREPARAZIONE DEL RISO**

Futomaki

QUESTI maxirotolini, detti *futomaki*, sono una delle tipologie di sushi più note, soprattutto al di fuori dei confini nipponici.

FUTOMAKI è il nome giapponese che indica dei grandi involtini cilindrici di riso, farciti e avvolti esternamente nell'alga nori. Con un diametro di circa 5 cm, spesso contengono due, tre o più ingredienti per il ripieno, abbinati in base alla loro complementarità dal punto di vista del sapore e del colore. Anche se tipicamente hanno un ripieno di pesce fresco, sono così versatili da poterne fare del tutto a meno e, in tal caso, il riso integrale è ideale proprio per realizzare le versioni vegetariane. Una volta appresa la tecnica di base, sarà divertente inventare nuove farce per tanti gustosi futomaki.

FUTOMAKI SALMONE, GAMBERI & AVOCADO

Per l'acqua acidulata

250 ml di acqua fredda
1-2 cucchiai di aceto di riso

Per i rotolini

1 filetto di salmone da sashimi di 180 g spellato e spinato
2 avocado
4 fogli di alga nori
1 dose di riso per sushi (*vedi* pp. 14-17)
350 g di polpa di granchio, oppure stick di polpa di pesce bianco
1 mazzetto di erba cipollina
sottaceti, aneto fresco e 1 limone non trattato, a fettine sottili per decorare

NELLA PAGINA SEGUENTE:
FUTOMAKI SALMONE, GAMBERI & AVOCADO.

1
2
4
5
7
8
10
11
13
14

Futomaki salmone, gamberi & avocado

Step by step

1. Per l'acqua acidulata, mescolate l'acqua all'aceto di riso in una ciotolina e tenete da parte.
2. Foderate di pellicola per alimenti una stuoia di bambù da sushi.
3. Tagliate l'avocado lungo la metà seguendo il profilo del nocciolo. Dividete il frutto in due e rimuovete il nocciolo. Tagliate la polpa in quarti, poi a fette spesse 1 cm e sbucciatele.
4. Ricavate dal salmone lunghe strisce spesse 1 cm circa.
5. Sulla stuoia da sushi disponete un foglio di nori con il lato lucido rivolto verso il basso. La venatura deve essere perpendicolare alla stuoia.
6. Immergete le dita nell'acqua acidulata. Prendete un paio di manciate di riso e pressatele modellando un cilindro regolare.
7. Posate il riso al centro del foglio e allargatelo, lasciando il bordo superiore libero per 2,5 cm circa.
8. Adagiate un quarto del salmone, dell'avocado, della polpa di granchio e dell'erba cipollina lungo la linea centrale dello strato di riso.
9. Tenendo fermo il ripieno, sollevate il lato della stuoia più vicino a voi e arrotolatelo sul ripieno. Togliete le dita e avvolgete facendo combaciare i due lati dell'alga.
10. Comprimete il ripieno delicatamente ma pressando bene. Così facendo, dovreste poter vedere il bordo libero.
11. Sollevate la stuoia e continuate ad arrotolare. L'umidità del riso farà aderire tra loro i 2 bordi dell'alga.
12. Su un tagliere pulito e asciutto adagiate un involtino. Con un coltello bagnato nell'acqua acidulata, tagliatelo in 2.
13. Affettate ogni metà in 4 pezzi. Fate lo stesso con gli altri rotolini.
14. Disponete il sushi nei piatti.
15. Decorate con sottaceti e limone, quindi servite.

VARIANTE PER **4 ROTOLINI (32 PEZZI)** PREPARAZIONE **30 MINUTI + TEMPO DI PREPARAZIONE DEL RISO**

Futomaki al tonno fresco

Per l'acqua acidulata
250 ml di acqua fredda
1–2 cucchiai di aceto di riso

Per i rotolini
180 g di tonno in scatola sgocciolato
1 cipolla piccola, affettata finemente
2 cucchiai di prezzemolo tritato finemente
2-3 cucchiai di maionese piccante (*vedi* pag. 119)
1 cucchiaino di pasta *karashi*
4 fogli di alga nori
1 dose di riso per sushi (*vedi* pp. 14-17)
pasta wasabi
salsa di soia, per servire

- Preparate l'acqua acidulata.
- In una terrina, schiacciate il tonno con una forchetta. Unite cipolla, prezzemolo, maionese e pasta *karashi* mescolando.
- Foderate di pellicola per alimenti una stuoia di bambù e disponetevi un foglio di nori con il lato lucido rivolto verso il basso.
- Immergete le dita nell'acqua acidulata e allargate il riso in modo uniforme sul foglio.
- Picchiettate della pasta wasabi lungo la linea centrale del riso e ricoprite con un quarto dell'insalata con il tonno.
- Avvolgete l'involtino seguendo le istruzioni del video o gli step a fianco. Ripetete i passaggi con gli altri ingredienti.
- Affettate i rotolini, adagiateli nei piatti e servite con la salsa di soia.

VARIANTE PER **4 ROTOLINI (32 PEZZI)** PREPARAZIONE **45 MINUTI** COTTURA **30-40 MINUTI**

Futomaki di verdure al forno

Per l'acqua acidulata
250 ml di acqua fredda
1–2 cucchiai di aceto di riso

Per i rotolini
1 dose di riso per sushi (*vedi* pp. 14-17)
1 mazzetto di asparagi privati del gambo
3 cucchiai di olio extravergine di oliva
1 cucchiaino di sale
4 carote medie, tagliate a bastoncini di 1 cm
1 cucchiaio di sciroppo d'acero
1 cipolla bianca, affettata sottilmente
4 fogli di alga nori
pasta wasabi
salsa di soia per servire

- Preparate l'acqua acidulata.
- Accendete il forno a 220 °C.
- In padella, fate saltare prima gli asparagi con metà del sale e un terzo dell'olio, poi le carote con lo sciroppo d'acero e un altro cucchiaio di olio, infine la cipolla con il resto dell'olio e del sale. Allargate il tutto su una placca da forno e fate cuocere per 30-40 minuti. Lasciate raffreddare.
- Foderate di pellicola per alimenti una stuoia di bambù e disponetevi un foglio di nori con il lato lucido rivolto verso il basso.
- Immergete le dita nell'acqua acidulata e allargate il riso in modo uniforme sull'alga.
- Picchiettate della pasta wasabi lungo il centro dello strato di riso e coprite con un quarto delle verdure miste.
- Arrotolate l'involtino secondo le istruzioni del video o gli step a fianco. Ripetete i passaggi con gli altri ingredienti.
- Affettate e servite con la salsa di soia.

VARIANTE PER **4 ROTOLINI (32 PEZZI)** PREPARAZIONE **30 MINUTI + TEMPO DI PREPARAZIONE DEL RISO**

Futomaki tonno, cetriolo & cipollotto

Per l'acqua acidulata
250 ml di acqua fredda
1-2 cucchiai di aceto di riso

Per i rotolini
250 g di tonno fresco da sashimi
4 fogli di alga nori
1 dose di riso per sushi (*vedi* pp. 14-17)
pasta wasabi
1 cetriolo piccolo con la buccia, tagliato in 4 bastoncini
4 cipollotti tritati
foglie di banano, per decorare (facoltativo)
salsa di soia, per servire

- Preparate l'acqua acidulata.
- Tagliate il tonno a strisce spesse 1 cm.
- Foderate di pellicola per alimenti una stuoia di bambù e disponetevi un foglio di nori con il lato lucido rivolto verso il basso.
- Immergete le dita nell'acqua acidulata, prendete un'abbondante manciata di riso, pressatela e allargatela sul foglio.
- Picchiettate della pasta wasabi lungo il centro dello strato e adagiatevi delle strisce di tonno, cetriolo e cipollotto.
- Avvolgete l'involtino secondo le istruzioni del video o gli step raffigurati a pag. 28. Ripetete i passaggi con gli altri ingredienti.
- Su un tagliere pulito e asciutto affiancate 2 involtini.
- Con un coltello bagnato nell'acqua acidulata, tagliate ogni involtino prima in 2, poi ogni metà in 4 pezzi. Fate lo stesso per gli altri involtini.
- Decorate i piatti con foglie di banano e servite con ciotole di salsa di soia.

NELLA PAGINA SEGUENTE:

FUTOAMKI TONNO, CETRIOLO & CIPOLLOTTO.

VARIATION PER **4 ROTOLINI (32 PEZZI)** PREPARAZIONE **30 MINUTI + 2-12 ORE PER LA MARINATURA** COTTURA **6-8 MINUTI**

Futomaki al manzo teriyaki

Per il manzo teriyaki
60 ml di salsa di soia
60 ml di *mirin*
2 cucchiai di zucchero
1 filetto di fesa bovina di 350 g, spesso 2 cm
1 cucchiaio di olio vegetale

Per l'acqua acidulata
250 ml di acqua fredda
1-2 cucchiai di aceto di riso

Per i rotolini
4 fogli di alga nori
1 dose di riso per sushi (*vedi* pp. 14-17)
pasta wasabi
2 carote grattugiate
1 cetriolo privato dei semi e tagliato a bastoncini lunghi
zenzero marinato e salsa di soia

- A fuoco medio, portate a bollore la salsa di soia con il *mirin* e lo zucchero. Lasciate sul fuoco per 2-3 minuti e fate raffreddare.
- Marinate il filetto nella salsa teriyaki tenendolo in frigorifero da 2 a 12 ore.
- Scaldate una piastra a fuoco medio e ungetela con un po' di olio.
- Grigliate la carne 3-4 minuti per lato. Il filetto dovrà risultare a media cottura.
- Togliete la piastra dal fuoco, lasciate intiepidire e tagliate il manzo a striscioline.
- Preparate l'acqua acidulata.
- Foderate di pellicola per alimenti una stuoia di bambù da sushi.
- Disponete un foglio di nori sulla metà inferiore della stuoia.
- Immergete le dita nell'acqua acidulata e allargate una manciata di riso sul foglio.
- Picchiettate della pasta wasabi lungo il centro dello strato di riso.
- Alternate un quarto di filetto a un misto di carote, cetriolo e zenzero marinato.
- Avvolgete l'involtino secondo le istruzioni del video o gli step raffigurati a pag. 28. Fate lo stesso con gli ingredienti rimasti.
- Con un coltello bagnato nell'acqua acidulata, tagliate ogni involtino prima in 2, poi ogni metà in 4 pezzi. Ripetete l'operazione per gli altri involtini.
- Adagiate i rotolini nei piatti, poi servite con zenzero marinato e salsa di soia.

VARIANTE PER **4 ROTOLINI (32 PEZZI)** PREPARAZIONE **30 MINUTI + TEMPO DI PREPARAZIONE DEL RISO**

Futomaki gamberetti & avocado

Per l'acqua acidulata
250 ml di acqua fredda
1–2 cucchiai di aceto di riso

Per i rotolini
4 fogli di alga nori
1 dose di riso per sushi (*vedi* pp. 14-17)
pasta wasabi
1 cetriolo tagliato a bastoncini
1 avocado sbucciato, denocciolato e tagliato a bastoncini
16 gamberetti grandi, sgusciati, privati del filamento intestinale e tagliati a metà nel senso della lunghezza
zenzero marinato, per decorare

- Preparate l'acqua acidulata.
- Foderate di pellicola per alimenti una stuoia di bambù e adagiatevi un foglio di nori con il lato lucido rivolto verso il basso.
- Immergete le dita nell'acqua acidulata e allargate una manciata di riso sul foglio.
- Picchiettate della pasta wasabi lungo il centro dello strato di riso.
- Lungo questa linea centrale, disponete dell'avocado, del cetriolo e dei gamberetti.
- Avvolgete l'involtino secondo le istruzioni del video o gli step raffigurati a pag. 28. Ripetete i passaggi con gli altri ingredienti.
- Affettate i rotolini e sistemateli con cura nei piatti da portata. Decorate con zenzero marinato e servite.

PER **4 ROTOLINI (32 PEZZI)** PREPARAZIONE **45 MINUTI + 30 MINUTI DI RIPOSO + TEMPO DI PREPARAZIONE DEL RISO** COTTURA **4-6 MINUTI**

Futomaki non tradizionali

SI CHIAMANO *futomaki* e sono preparati con la tecnica tradizionale, ma con ripieni o ingredienti non tipicamente giapponesi.

PER realizzare dei futomaki non tradizionali, a cui dedichiamo questo capitolo, vi basterà cambiare il ripienoo il riso, ma potrete persino sostituire l'alga nori con qualsiasi altro ingrediente adatto ad avvolgere la farcia. I ripieni includono diverse combinazioni di verdure cotte e crude, formaggi, erbe e insalate, o carni, compresi gli affettati. Al posto del riso bianco, potete ricorrere a quello integrale, alla quinoa, al farro oppure all'orzo perlato. E come elemento esterno, da provareil prosciutto, le zucchine a lamelle, o ancora le tortillas...

FUTOMAKI AL MANZO

Per il manzo

- 1 costata di manzo o 1 taglio venato di grasso di c. 500 g
- 60 ml di salsa di soia
- 1 cucchiaio di zucchero grezzo di canna
- 90 ml di birra *stout*
- 4 spicchi di aglio tritati
- 2 cipollotti tritati
- 1 cucchiaino di pepe in polvere
- 2 cucchiaini di olio di semi di sesamo
- 1 cucchiaio di miele

Per l'acqua acidulata

- 250 ml di acqua fredda
- 1-2 cucchiai di aceto di riso

Per i rotolini

- 4 fogli di alga nori
- 1 dose di riso per sushi (*vedi* pp. 14-17)
- salsa *sriracha*
- cipollotto tritato, basilico fresco, *shiso* o coriandolo, carote novelle sbucciate e tagliate in 4 bastoncini, aglio tritato e salsa chili
- crescione, pomodori, ravanelli e daikon grattugiato per decorare

NELLA PAGINA SEGUENTE: FUTOMAKI AL MANZO.

Futomaki al manzo

Step by step

1. Avvolgete il manzo nella pellicola per alimenti e mettetelo nel congelatore.
2. In una ciotola, mescolate la salsa di soia con lo zucchero, la *stout*, i cipollotti, l'aglio, il pepe, l'olio di semi di sesamo e il miele, amalgamando bene il tutto.
3. Togliete la pellicola dalla carne ed eliminate le parti grasse con un coltello affilato, quindi tagliatela in modo perpendicolare alla venatura, a fette di c. 5 mm, poi a striscioline.
4. Lasciatele riposare nella marinatura per 30 minuti.
5. Riscaldate una padella ampia a fuoco medio-alto. Unite le strisce di manzo e scottatele 2-3 minuti per lato.
6. Tenetele da parte a raffreddare.
7. Foderate di pellicola per alimenti una stuoia di bambù da sushi.
8. Disponete un foglio di nori sulla stuoia con il lato lucido rivolto verso il basso. La venatura dell'alga deve risultare perpendicolare alla stuoia.
9. Per l'acqua acidulata, mescolate l'acqua all'aceto di riso in una ciotolina. Immergetevi le dita e prendete un paio di manciate di riso, pressandole bene.
10. Allargate il riso sul foglio lasciando il bordo superiore libero per 2,5 cm circa.
11. Premete il flacone di salsa *sriracha* lungo la linea centrale del riso e coprite con un quarto della carne.
12. Sovrapponete un misto di cipollotto, carote, erbe e aglio, senza abbondare.
13. Tenendo fermo il ripieno, sollevate il lato della stuoia più vicino a voi e arrotolatelo sul ripieno. Togliete le dita e avvolgete fino a far combaciare i due lati opposti dell'alga. Così facendo, dovreste poter vedere chiaramente il bordo senza riso.
14. Sollevate la stuoia e arrotolate ancora. L'umidità del riso farà aderire i due lati dell'alga sigillando l'involtino. Ripulite le estremità con un panno pulito.
15. Con una lama bagnata nell'acqua acidulata tagliate il rotolo in 2.
16. Affettate poi ogni metà fino a ottenere 8 pezzi uguali.
17. Disponete il sushi in un piatto da portata.
18. Decorate con pomodori, ravanelli, crescione e daikon, quindi servite.

VARIANTE PER **CIRCA 32 PEZZI** PREPARAZIONE **15 MINUTI + TEMPO DI PREPARAZIONE DEL RISO**

Futomaki al salmone affumicato

1 dose di riso per sushi (*vedi* pp. 14-17)
6 tortillas di frumento o mais, o piadine sottili
6 fette grandi di salmone affumicato
90 g di formaggio a pasta morbida raffreddato e tagliato a bastoncini dello spessore di una penna circa
1 cetriolo piccolo, sottile, con la buccia, privato delle estremità e tagliato a bastoncini lunghi
6 cipollotti tritati
500 g di salsa di pomodoro piccante, per intingere (facoltativo)

- Preparate il riso per sushi.
- Avvolgete le tortillas in un doppio strato di carta assorbente leggermente umida e scaldatele al microonde ad alta temperatura per 45 secondi. In alternativa ammorbiditele una a una in padella, a secco e a fuoco medio.
- Allargate del riso su ogni tortilla e coprite con una fetta di salmone. Create un altro strato mettendo in fila il cipollotto, i bastoncini di formaggio e di cetriolo.
- Avvolgete il tutto utilizzando la stessa tecnica dei rotolini di sushi e affettate con un coltello affilato.
- Disponete gli involtini su un vassoio con la salsa per intingere e portate in tavola.

PER **4 ROTOLINI (32 PEZZI)** PREPARAZIONE **45 MINUTI + TEMPO DI PREPARAZIONE DEL RISO** COTTURA **4-6 MINUTI**

California maki

INVENTATI in California negli anni '60, oggi sono diffusi e famosi in tutto il mondo.

SI TRATTA di una variante di involtini "al rovescio" elaborati per la prima volta a Los Angeles negli anni '60, quando molti chef giapponesi di sushi si resero conto che i loro clienti americani non amavano vedere l'alga nori all'esterno dei rotolini. L'altra grande innovazione di quel periodo fu rimpiazzare il tradizionale tonno fresco con l'avocado. Nacquero così i California sushi rolls: *un perfetto esempio di cucina* fusion *che spinse a sperimentare ripieni diversi e nuovi ingredienti per avvolgere gli involtini. In questo caso, l'alga nori viene ricoperta da entrambi i lati: da una parte il riso, dall'altra il ripieno.*

CALIFORNIA MAKI

Per l'acqua acidulata

- 250 ml di acqua fredda
- 1-2 cucchiai di aceto di riso

Per i rotolini

- 1 avocado
- 1 peperone giallo di media grandezza
- 4 fogli di alga nori
- 1 dose di riso per sushi (*vedi* pp 14-17)
- 2 cucchiai di semi di sesamo nero
- 2 cucchiai di maionese
- 180 g di polpa di granchio, oppure stick di polpa di pesce bianco

NELLA PAGINA SEGUENTE: CALIFORNIA MAKI.

California maki
Step by step

1. Per l'acqua acidulata, mescolate l'acqua all'aceto di riso e tenete da parte.
2. Foderate di pellicola per alimenti una stuoia di bambù da sushi.
3. Tagliate l'avocado lungo la metà seguendo il profilo del nocciolo. Dividete il frutto in due e rimuovete il nocciolo. Tagliate la polpa in quarti, poi a fette spesse 1 cm e sbucciatele.
4. Tagliate il peperone a metà, eliminate i semi e affettatelo a listarelle di c. 1 cm di spessore.
5. Disponete il foglio di nori sulla stuoia. Non è necessario che il lato lucido sia rivolto verso il basso poiché l'alga non sarà visibile a involtino chiuso. La venatura del foglio deve risultare perpendicolare alla stuoia.
6. Immergete le dita nell'acqua acidulata. Prendete un paio di manciate di riso e pressatele modellando un cilindro regolare. Disponete il riso al centro del foglio e allargatelo, lasciando il bordo superiore libero per 2,5 cm circa.
7. Cospargete 1/2 cucchiaio di semi di sesamo nero sul riso.

VARIANTE PER **4 ROTOLINI (32 PEZZI)** PREPARAZIONE **30 MINUTI + TEMPO DI PREPARAZIONE DEL RISO**

California maki vegetariani

Per l'acqua acidulata
250 ml di acqua fredda
1–2 cucchiai di aceto di riso

Per i rotolini
4 fogli di alga nori
1 dose di riso per sushi (*vedi* pp. 14-17)
2 cucchiai di semi di sesamo nero tostati
pasta wasabi
1 cetriolo piccolo con la buccia, privato delle estremità e tagliato a bastoncini lunghi
1-2 avocado sbucciati, denocciolati e tagliati a bastoncini
2 carote tagliate a bastoncino
zenzero marinato, per servire

- Preparate l'acqua acidulata.
- Foderate di pellicola per alimenti una stuoia di bambù da sushi e disponetevi un foglio di alga nori.
- Immergete le dita nell'acqua acidulata e allargate il riso sul foglio.
- Cospargete i semi di sesamo sui chicchi.
- Sollevate il lato dell'alga ricoperto di riso e capovolgetelo sulla stuoia.
- Picchiettate della pasta wasabi lungo il centro del foglio e completate con listarelle di cetriolo, avocado e carote.
- Avvolgete l'involtino secondo le istruzioni del video o gli step raffigurati in alto. Ripetete i passaggi con gli altri ingredienti.
- Affettate i rotolini, sistemateli nei piatti e servite con zenzero marinato.

8. Con gesti veloci, ma sicuri, sollevate il foglio di nori coperto di riso e capovolgetelo sulla stuoia.
9. Spalmate 1/2 cucchiaio di maionese lungo la linea centrale dell'alga e coprite con un quarto di polpa di granchio, di avocado e di peperone.
10. Tenendo fermo il ripieno con le dita, sollevate il lato della stuoia più vicino a voi e arrotolatelo sul ripieno. Togliete le dita e avvolgete fino a far combaciare i due lati opposti dell'alga. Così facendo, dovreste poter vedere chiaramente il bordo libero. Sollevate la stuoia e arrotolate ancora. L'umidità del riso farà aderire i due lati del foglio sigillando l'involtino. Togliete la stuoia con cura e tenete l'involtino da parte, mentre preparate gli altri.
11. Adagiate il rotolino su un tagliere pulito e asciutto. Immergete un coltello affilato nell'acqua acidulata e tagliate l'involtino prima in due, poi sempre a metà fino a ottenere 8 pezzi. Ripetete l'operazione con gli altri rotolini.
12. Premete il flacone della maionese direttamente sui piatti da portata per creare delle decorazioni. Cospargete i semi di sesamo sulla maionese, sistemate con cura i California maki e servite.

VARIANTE PER **4 ROTOLINI (32 PEZZI)** PREPARAZIONE **45 MINUTI + TEMPO DI PREPARAZIONE DEL RISO**

Maki al formaggio spalmabile

Per l'acqua acidulata
250 ml di acqua fredda
1–2 cucchiai di aceto di riso

Per i rotolini
4 fogli di alga nori
1 dose di riso per sushi (*vedi* pp. 14-17)
250 g di formaggio spalmabile raffreddato
1-2 avocado sbucciati, denocciolati e tagliati a bastoncino
8-12 tranci di salmone grandi e sottili

- Preparate l'acqua acidulata.
- Foderate di pellicola per alimenti una stuoia di bambù da sushi e disponetevi un foglio di alga nori.
- Immergete le dita nell'acqua acidulata e allargate i chicchi sul foglio.
- Sollevate il lato dell'alga ricoperto di riso e capovolgetelo sulla stuoia.
- Spalmate sulla sua superficie un quarto del formaggio cremoso lasciando ampiamente liberi i bordi.
- Mettete in fila i bastoncini di avocado lungo il centro dello strato di formaggio.
- Arrotolate l'involtino secondo le istruzioni del video o gli *step* raffigurati in alto. Ripetete i passaggi con gli altri ingredienti.
- Avvolgete i rotolini nel salmone facendo in modo che il riso resti del tutto coperto.
- Affettate, sistemate il sushi sui piatti e portate in tavola.

VARIANTE PER **4 ROTOLINI (32 PEZZI)** PREPARAZIONE **30 MINUTI + TEMPO DI PREPARAZIONE DEL RISO**

California maki prosciutto piccante & formaggio

Per l'acqua acidulata
250 ml di acqua fredda
1–2 cucchiai di aceto di riso

Per i rotolini
4 fogli di alga nori
1 dose di riso per sushi (*vedi* pp. 14-17)
2 cucchiai di semi di sesamo bianco
salsa *sriracha* (a piacimento)
150 g di prosciutto cotto a fette sottili
1 avocado sbucciato, denocciolato e tagliato a lunghi bastoncini di ca. 1 cm di spessore
1 peperone piccolo, giallo o rosso privato dei semi e tagliato a listarelle di c. 1 cm di spessore
120 g di formaggio a pasta morbida raffreddato e tagliato a bastoncini dello spessore di una penna circa
zenzero marinato e pasta wasabi per servire

• Preparate l'acqua acidulata.

• Foderate di pellicola per alimenti una stuoia di bambù da sushi e disponetevi un foglio di alga nori.

• Immergete le dita nell'acqua acidulata. Prendete una manciata di riso, pressatela e allargatela sul foglio.

• Cospargete i semi di sesamo sui chicchi.

• Sollevate il lato dell'alga ricoperto di riso e capovolgetelo sulla stuoia.

• Premete il flacone di salsa *sriracha* lungo la linea centrale del foglio e coprite con le fette di prosciutto, l'avocado, il peperone e il formaggio.

• Arrotolate bene l'involtino seguendo le istruzioni del video o gli step riportati alle pp. 38-39. Ripetete i passaggi con gli altri ingredienti.

• Adagiate il rotolino su un tagliere pulito e asciutto. Immergete un coltello affilato nell'acqua acidulata e tagliate l'involtino prima in due, poi sempre a metà fino a ottenere 8 pezzi. Fate lo stesso con gli altri rotolini.

• Sistemate il sushi nei piatti da portata. Infine, servite insieme alla pasta wasabi e allo zenzero marinato

NELLA PAGINA SEGUENTE: CALIFORNIA MAKI PROSCIUTTO PICCANTE & FORMAGGIO.

VARIANTE PER **4 ROTOLINI (32 PEZZI)** PREPARAZIONE **30 MINUTI + TEMPO DI PREPARAZIONE DEL RISO** COTTURA **7-10 MINUTI**

California maki pollo, formaggio & aneto

Per l'acqua acidulata
250 ml di acqua fredda
1–2 cucchiai di aceto di riso

Per i rotolini
1 cucchiaio di olio vegetale
2 petti di pollo disossati, senza pelle e tagliati a straccetti
4 fogli di alga nori
1 dose di riso per sushi (*vedi* pp. 14-17)
200 g di formaggio spalmabile raffreddato
pasta wasabi
3-4 cucchiai di aneto tritato grossolanamente

• Preparate l'acqua acidulata.

• Scaldate l'olio in una piastra a fuoco medio e grigliate il pollo per 7-10 minuti.

• Foderate di pellicola per alimenti una stuoia di bambù da sushi e disponetevi un foglio di alga nori.

• Immergete le dita nell'acqua acidulata. Pendete una manciata di riso, pressatela e allargatela sul foglio.

• Sollevate il lato dell'alga ricoperto di riso e capovolgetelo sulla stuoia.

• Spalmate sulla sua superficie un quarto del formaggio, completando con una fila di straccetti di pollo e un po' di pasta wasabi.

• Avvolgete l'involtino secondo le istruzioni del video o gli step riportati alle pp. 38-39. Ripetete i passaggi con gli altri ingredienti.

• Cospargete l'aneto sui rotolini e affettateli. Impiattate e servite.

VARIANTE PER **4 ROTOLINI (32 PEZZI)** PREPARAZIONE **45 MINUTI + TEMPO DI PREPARAZIONE DEL RISO** COTTURA **5-8 MINUTI**

California maki salmone grigliato & formaggio

Per l'acqua acidulata
250 ml di acqua fredda
1-2 cucchiai di aceto di riso

Per i rotolini
1 cucchiaio di olio vegetale
180 g di salmone a filetti sottili
4 fogli di alga nori
1 dose di riso per sushi (*vedi* pp. 14-17)
200 g di formaggio spalmabile raffreddato
1-2 cetrioli con la buccia, privati delle estremità e affettati molto sottilmente
90 g di caviale di salmone

• Preparate l'acqua acidulata.

• Scaldate l'olio in una piastra a fuoco medio e grigliate il salmone per 5-8 minuti.

Foderate di pellicola per alimenti una stuoia di bambù da sushi e disponetevi un foglio di alga nori.

• Immergete le dita nell'acqua acidulata e allargate il riso sul foglio.

• Sollevate il lato dell'alga ricoperto di riso e capovolgetelo sulla stuoia.

• Spalmate sulla sua superficie un quarto del formaggio, completando con dei filetti di salmone disposti in fila al centro.

• Avvolgete l'involtino secondo le istruzioni del video o gli *step* riportati alle pp. 38-39. Ripetete i passaggi con gli altri ingredienti.

• Avvolgete i rotolini nelle fette di cetriolo.

• Affettateli e decorateli con il caviale di salmone. Impiattate e servite.

PORZIONI **10-12 PEZZI** PREPARAZIONE **20 MINUTI + TEMPO DI PREPARAZIONE DEL RISO** COTTURA **7-8 MINUTI**

Bo sushi

ORIGINARIO della regione di Kyoto, rimanda alla forma a barretta (*bo*) del rotolino pressato.

BO SUSHI in giapponese indica quel tipo di sushi, detto anche saba, che arriva dalla regione di Kyoto, dove il pesce fresco, fino a poco tempo fa, non era di così facile reperibilità. Il bo sushi veniva spesso preparato con sgombro marinato e unagi (anguilla). Oggi si usa soprattutto sgombro fresco grigliato.

BO SUSHI ALLO SGOMBRO GRIGLIATO

Per l'acqua acidulata

250 ml di acqua fredda
1-2 cucchiai di aceto di riso

Per il sushi

4 filetti di sgombro di c. 150 g con la pelle
1/2 dose di riso per sushi (*vedi* pp. 14–17)
1 cucchiaio di zenzero marinato tritato finemente
2 foglie di *shiso* tritate finemente o coriandolo
1 cucchiaio di semi di sesamo nero tostati
salsa di soia e pasta wasabi per servire

NELLA PAGINA SEGUENTE:
BO SUSHI ALLO SGOMBRO GRIGLIATO.

1
2
4
5
7
8
10
11
13
14

Bo sushi allo sgombro grigliato
Step by step

Economico, gustoso e ricco di proteine nutrienti, vitamina B_{12}, vitamina D, fosforo e olio Omega 3, lo sgombro è sempre la scelta giusta per un'alimentazione salutare.

1. Per l'acqua acidulata, mescolate l'acqua all'aceto di riso e tenete da parte.
2. Per il sushi, adagiate i filetti di sgombro su un tagliere e rimuovete le spine con l'aiuto di apposite pinzette.
3. Preriscaldate a temperatura medio-alta, una griglia sul lato superiore del forno (modalità grill) e ungete leggermente una placca.
4. Adagiatevi gli sgombri facendo in modo che il dorso (con la pelle) sia rivolto verso l'alto e passateli sotto il grill del forno per 7-8 minuti, finché non saranno croccanti e dorati.
5. Sfornate e fate raffreddare.
6. Foderate di pellicola per alimenti una stuoia di bambù da sushi.
7. In una terrina, mescolate al riso per sushi lo zenzero marinato, le foglie di *shiso* e i semi di sesamo.
8. Adagiate i due filetti di sgombro sulla stuoia foderata. Il lato con la pelle dovrà essere rivolto verso il basso.
9. Con il polpastrello picchietatte della pasta wasabi sul pesce.
10. Bagnate le dita nell'acqua acidulata. Prendete metà del composto di riso e pressatelo leggermente formando un cilindro lungo quanto gli sgombri. Sistematelo sui filetti.
11. Avvolgete il riso e gli sgombri nella pellicola e arrotolate nella stuoia.
12. Mentre svolgete tale operazione praticate pressione sulla stuoia, ma sempre con delicatezza.
13. Srotolate il cilindro di riso e pesce, lasciandolo avviluppato nella pellicola.
14. Con un coltello affilato, tagliate il rotolo a metà attraverso la pellicola, quindi fate in modo di ricavarne 5-6 pezzi. Ripetete l'operazione con il resto degli ingredienti.
15. Disponete il bo sushi nei piatti da portata e servite con la salsa di soia e la pasta wasabi.

PER **8 CONI** PREPARAZIONE **30 MINUTI + TEMPO DI PREPARAZIONE DEL RISO**

Temaki

Sono un vero e proprio esempio di sushi "da passeggio". Detti *temaki* in Giappone, si preparano avvolgendo a cono il riso e il ripieno nell'alga nori.

I coni sono la tipologia di sushi più semplice da realizzare. Se avete ospiti e desiderate offrire un antipasto o uno stuzzichino informale, servite i temaki come si fa in Giappone: portate in tavola, disposti separatamente su un piatto, fogli di nori e ingredienti freschi. Ogni commensale potrà preparare da sé i temaki. Un modo simpatico per far scoprire ai propri ospiti il sushi fatto in casa.

Temaki pesce & gamberetti

Per l'acqua acidulata

- 250 ml di acqua fredda
- 1-2 cucchiai di aceto di riso

Per i coni

- 4 fogli di alga nori
- 1 avocado
- 1 peperone piccolo e giallo
- il succo di 1 limone
- 1 cetriolo piccolo e sottile
- 1 dose di riso per sushi (*vedi* pp. 14–17)
- pasta wasabi
- 2 cucchiai di semi di sesamo nero
- 1 filetto di tonno da sashimi di ca. 150 g, tagliato a striscioline
- maionese piccante (*vedi* pag. 119)
- 2 cucchiai di semi di sesamo bianco
- 90 g di salmone affumicato, a fette sottili e tagliato in 8 pezzi
- 8 gamberi giganti già cotti, sgusciati, privati della testa e del filamento intestinale
- daikon grattugiato finemente e foglie di *shiso*, per decorare

Nella pagina seguente: Temaki pesce & gamberetti.

Temaki pesce & gamberetti
Step by step

1. Tagliate i fogli di alga nori a metà, in modo perpendicolare alla venatura con un coltello affilato.
2. Tagliate l'avocado lungo la metà seguendo il profilo del nocciolo. Dividete il frutto in due e rimuovete il nocciolo. Tagliate la polpa in quarti, poi a fettine spesse 1 cm e sbucciatele.
3. Dividete il peperone a metà, eliminate i semi, affettatelo a listarelle spesse 1 cm e irrorate con il succo di limone.
4. Eliminate le estremità del cetriolo e tagliatelo in 4 parti nel senso della lunghezza. Togliete i semi e ricavate 8 bastoncini sottili.

5 In una ciotola, mescolate l'acqua all'aceto di riso. Disponete un foglio di alga nori su un tagliare con il lato lucido rivolto verso il basso. Immergete le dita nell'acqua acidulata e allargate 1-2 cucchiai di riso per sushi su metà del foglio.

6. Tamponate il riso con un po' di pasta wasabi e cospargete 1/2 cucchiaio di semi di sesamo nero. Sovrapponetevi con cura un quarto del tonno,

VARIANTE PER **8 CONI** PREPARAZIONE **15-20 MINUTI + TEMPO DI PREPARAZIONE DEL RISO**

Temaki vegetariani

Per l'acqua acidulata

250	ml di acqua fredda
1–2	cucchiai di aceto di riso

Per i coni

4	fogli di alga nori
1	dose di riso per sushi (*vedi* pp. 14-17)
	salsa *sriracha*
150	g di formaggio a pasta morbida raffreddato e tagliato a bastoncini
1	cetriolo con la pelle, privato dei semi e tagliato a bastoncini sottili
2	carote tagliate a bastoncini
1	peperone rosso e tagliato a listarelle
2-3	cucchiai di semi di sesamo bianco

- Preparate l'acqua acidulata.
- Tagliate il foglio di alga nori a metà.
- Disponete una delle due metà su un tagliere con il lato lucido rivolto verso il basso. Bagnate le dita nell'acqua acidulata e allargate 1-2 cucchiai di riso per sushi su metà della superficie.
- Picchiettate della salsa *sriracha* sui chicchi, adagiatevi dei bastoncini di formaggio, cetriolo, carota e peperone, in modo trasversale rispetto al riso.
- Avvolgete il cono secondo le istruzioni del video o gli step riportati in alto. Fate lo stesso con gli ingredienti rimasti.
- Spolverate i temaki di semi di sesamo.
- Disponete il sushi nei piatti e servite.

dell'avocado e del peperone in diagonale rispetto al riso.

7. Arrotolate l'alga trasversalmente attorno al ripieno, sollevando l'angolo in basso a sinistra verso quello in alto a destra e avvolgete tutto il foglio formando un cono.
8. Attaccate qualche chicco sul bordo del foglio premendo e usandolo come adesivo per sigillare il cono. Fate lo stesso con altri 3 fogli di nori e il resto del tonno, dell'avocado, del peperone e dei semi di sesamo nero.
9. Adagiate un foglio di alga nori su un tagliare con il lato lucido rivolto verso il basso. Bagnate le dita nell'acqua acidulata e allargate 1-2 cucchiai di riso per sushi su metà dell'alga.
10. Spalmatevi maionese piccante e cospargete 1/2 cucchiaio di semi di sesamo bianco. Completate con salmone, 2 gamberetti e cetriolo.
11. Arrotolate diagonalmente attorno al ripieno, sollevando l'angolo in basso a sinistra verso quello in alto a destra e avvolgete tutto il foglio formando un cono. Premete qualche chicco sul bordo usandolo come adesivo per sigillare il cono.
12. Decorate uno o due piatti con il daikon grattugiato e delle foglie di *shiso*. Adagiatevi con cura i coni e portate in tavola.

VARIANTE PER **8 CONI** PREPARAZIONE **15-20 MINUTI + TEMPO DI PREPARAZIONE DEL RISO**

Temaki ai gamberetti

Per l'acqua acidulata
250 ml di acqua fredda
1–2 cucchiai di aceto di riso

Per i coni
4 fogli di alga nori
1 dose di riso per sushi (*vedi* pp. 14-17)
500 g di gamberetti cotti, sgusciati e a pezzetti
120 ml di maionese piccante (*vedi* pag. 119)
1 avocado sbucciato, denocciolato e a fettine
1 cetriolo tagliato a bastoncini sottili
2 cipollotti privati dell'estremità e tagliati in 4 pezzi nel senso della lunghezza
salsa *sriracha*
4 cucchiai di uova di pesce volante (*tobiko*)
2-3 cucchiai di semi di sesamo nero
crescione novello, per decorare

- Preparate l'acqua acidulata.
- Tagliate il foglio di alga nori a metà.
- Disponete una delle metà su un tagliere, con il lato lucido rivolto verso il basso. Bagnate le dita nell'acqua acidulata e allargatevi 1-2 cucchiai di riso.
- Spalmate della maionese sui chicchi. Adagiatevi gamberetti, avocado, cetriolo e cipollotti in diagonale rispetto al riso.
- Avvolgete il cono secondo le istruzioni del video o gli *step* riportati in alto. Ripetete i passaggi con gli altri ingredienti.
- Completate con le uova di pesce, i semi di sesamo e un po' di pasta *sriracha*.
- Impiattate, decorate con maionese, pasta *sriracha* e crescione, poi servite.

PER **12 PEZZI** PREPARAZIONE **45 MINUTI + 4-5 ORE PER SCOLARE E MARINARE IL PESCE**

Oshizushi

OSHIZUSHI è il nome giapponese per indicare il sushi pressato, noto anche come *box sushi*. Deriva da *oshibako*, la stampo in legno usato per la sua preparazione.

L'OSHIZUSHI, tradizionalmente, è uno stampo formato da tre pezzi in legno di cipresso. Prima dell'utilizzo, è necessario metterlo in ammollo in acqua fredda per 30 minuti: ciò eviterà che il riso si attacchi alle pareti di legno. Oggi, molti stampi da sushi sono in plastica e non hanno, perciò, bisogno di ammollo.

Si tratta di uno strumento utile se preparate spesso questo tipo di sushi ma non è essenziale, poiché potete ricorrere a un semplice stampo da torta con il fondo rimuovibile. In tal caso, togliete il fondo e adagiate il bordo su un tagliere. Foderate di pellicola per alimenti, riempite e pressate il riso con il fondo.

OSHIZUSHI ALLO SGOMBRO MARINATO

- 2 filetti di sgombro di ca. 150 g con la pelle
- 100 g di sale marino grosso
- 250 ml di aceto di riso giapponese
- 60 ml di acqua
- 1 cucchiaio di zucchero
- 1 cucchiaio di *mirin*
- 1/2 dose di riso per sushi (*vedi* pp. 14-17)
- foglie di banano, per foderare l'*oshibako* e per decorare
- pasta wasabi
- 1 limone non trattato a fettine molto sottili e zenzero marinato per decorare
- cetriolo decorativo (*vedi* pp. 112–115)

NELLA PAGINA SEGUENTE:
OSHIZUSHI ALLO SGOMBRO MARINATO.

Oshizushi allo sgombro marinato
Step by step

1. Adagiate i filetti in una ciotola bassa e ricopriteli di sale, che strofinerete delicatamente sugli sgombri.
2. Trasferite il pesce in un colino e lasciatelo scolare per 3-4 ore.
3. Sciacquate bene per eliminare ogni traccia di sale.
4. Asciugate con cura i filetti con un panno pulito o con carta assorbente da cucina.
5. In una ciotola o una caraffa di plastica, mescolate l'aceto di riso con l'acqua, lo zucchero e il *mirin*, mescolando fino a far sciogliere lo zucchero.
6. Mettete lo sgombro in un piatto poco profondo, coprite con la marinatura e fate riposare per un'ora. La polpa del pesce dovrà risultare sbiancata.
7. Se usate uno stampo da sushi in legno, mettetelo in ammollo in acqua fredda per 30 minuti. Asciugatelo bene.
8. Togliete i filetti dalla marinatura e tamponateli con carta assorbente da cucina. Spuntate i bordi irregolari per avere trance uniformi e passate le dita sulla superficie per cercare le spine. Rimuovetele con apposite pinzette.
9. Sollevate e staccate il sottile strato più esterno della pelle, lasciando quello sottostante iridescente.
10. Con un coltello affilato, sfilettate il pesce in senso orizzontale.
11. Foderate l'interno dello stampo adattando le foglie di banano alla forma o ricopritelo con pellicola per alimenti.
12. Spuntate le metà dei filetti affinché entrino nello stampo e inseriteli con il lato della pelle rivolto verso il basso.
13. Picchiettate della pasta wasabi sul pesce. Coprite prima con metà del riso, poi con altre foglie di banano (o pellicola per alimenti).
14. Chiudete con il coperchio e pressate per comprimere riso e sgombro.
15. Togliete il sushi dallo stampo con molta cura e mettetelo su un tagliere, eliminando le foglie di banano.
16. Volendo, potete decorate i piatti con nuove foglie di banano.
17. Tagliate la forma prima in 2, poi ogni metà in 3 pezzi.
18. Impiattate, decorate con limone, zenzero marinato e cetriolo, poi servite.

VARIANTE PER **12 PEZZI** PREPARAZIONE **30 MINUTI + TEMPO DI PREPARAZIONE DEL RISO**

Oshizushi seriola & uova di pesce volante

1/2 dose di riso per sushi (*vedi* pp. 14-17)
250 g di seriola (o ricciola) da sashimi sfilettata sottilmente in modo perpendicolare alla fibra della polpa
2-3 cucchiai di uova di pesce volante verdi o rosse (*tobiko*)
pasta wasabi e zenzero marinato, per decorare

- Se usate uno stampo da sushi in legno, mettetelo in ammollo in acqua fredda per 30 minuti. Asciugatelo bene.
- Foderatelo di pellicola per alimenti.
- Con metà della seriola, formate uno strato sul fondo dello stampo.
- Ricoprite i filetti con le uova di pesce allargandole in modo uniforme e create un altro strato con metà del riso.
- Chiudete con il coperchio e pressate per comprimere gli ingredienti.
- Togliete il sushi dallo stampo con molta cura e mettetelo su un tagliere, eliminando la pellicola per alimenti.
- Tagliate la forma in due nel senso della lunghezza, poi ogni metà in 3 pezzi. Ripetete i passaggi con gli altri ingredienti.
- Disponete i pezzetti di sushi nei piatti in modo decorativo. Completate con zenzero marinato e della pasta wasabi, quindi servite.

VARIANTE PER **12 PEZZI** PREPARAZIONE **30 MINUTI + TEMPO DI PREPARAZIONE DEL RISO**

Oshizushi salmone affumicato & lime

1/2 dose di riso per sushi (*vedi* pp. 14-17)
1 lime non trattato, con la scorza e a fettine sottilissime
250 g di salmone affumicato
pasta wasabi
zenzero marinato per servire
Insalata fresca, erbette o foglie di *shiso* rosso e fettine sottili di lime non trattato per decorare

- Se usate uno stampo da sushi in legno, mettetelo in ammollo in acqua fredda per 30 minuti. Asciugatelo bene.
- Foderatelo di pellicola per alimenti facendola aderire bene alle pareti.
- Ricoprite la superficie interna dello stampo con le fettine di lime, sovrapponendole leggermente.
- Create un altro strato uniforme con metà del salmone e tamponate con della pasta *wasabi*, quindi coprite con metà del riso.
- Chiudete con il coperchio e pressate per comprimere gli ingredienti.
- Togliete il sushi dallo stampo con molta cura e mettetelo su un tagliere, eliminando la pellicola per alimenti.
- Tagliate la forma in due nel senso della lunghezza, poi ogni metà in 3 pezzi. Ripetete gli stessi passaggi con gli altri ingredienti.
- Allargate sui piatti le foglie di *shiso* e il lime, disponetevi il sushi e servite.

NELLA PAGINA SEGUENTE: OSHIZUSHI SALMONE AFFUMICATO & LIME.

VARIANTE PER **12 PEZZI** PREPARAZIONE **30 MINUTI + TEMPO DI PREPARAZIONE DEL RISO**

Oshizushi tacchino affumicato & mela

1 dose di riso per sushi (*vedi* pp. 14-17)
180 g di tacchino affumicato, già affettato
salsa *sriracha*
1 mela biologica grande (Granny Smith) con la buccia, detorsolata e a fettine sottilissime
il succo di 1/2 limone
insalata di alghe per servire

- Se usate uno stampo da sushi in legno, lasciatelo in ammollo in acqua fredda per 30 minuti. Asciugatelo bene.
- Foderatelo di pellicola per alimenti.
- Con metà del tacchino, formate uno strato sul fondo dello stampo.
- Coprite con un quarto di riso e create un altro strato disponendo ordinatamente le fettine di mela. Bagnate la superficie con il succo di limone (rimuovendo i semi).
- Allargate un altro quarto di riso sulle fettine di mela.
- Chiudete con il coperchio e pressate per comprimere gli ingredienti.
- Togliete il sushi dallo stampo con molta cura e riponetelo su un tagliere, eliminando la pellicola per alimenti.
- Tagliate la forma in due nel senso della lunghezza, poi ogni metà in tre pezzi. Ripetete i passaggi con gli altri ingredienti.
- Disponete il sushi nei piatti e servite accompagnando con insalata di alghe.

VARIANTE PER **12 PEZZI** PREPARAZIONE **40 MINUTI + TEMPO DI PREPARAZIONE DEL RISO**

Oshizushi al salmone con nori & uova di pesce

1 foglio di alga nori
300 g di salmone da sashimi sfilettato sottilmente in modo perpendicolare alla fibra della polpa
1/2 dose di riso per sushi (*vedi* pp. 14-17)
2 cucchiai di uova di pesce volante verdi o rosse (*tobiko*)
maionese per decorare

• Se usate uno stampo da sushi in legno, lasciatelo in ammollo in acqua fredda per 30 minuti. Asciugatelo bene, poi foderatelo di pellicola per alimenti.

• Tagliate il foglio di nori a strisce che si adattino alle dimensioni dello stampo.

• Con metà del salmone, create uno strato uniforme alla base della forma.

• Coprite prima con una sesta parte del riso, poi con una striscia di nori.

• Allargate la medesima quantità di riso insieme a metà delle uova di pesce, quindi alternate ancora nori e un'altra sesta parte di riso. Chiudete con il coperchio e pressate per comprimere gli ingredienti.

• Togliete il sushi dallo stampo con molta cura e riponetelo su un tagliere, eliminando la pellicola per alimenti.

• Tagliate il sushi in due nel senso della lunghezza, poi ogni metà in 3 pezzi. Ripetete i passaggi con gli altri ingredienti.

• Impiattate, decorate con maionese, servite.

Nigirizushi

NIGIRIZUSHI significa «sushi pressato con le mani»: si modella una manciata di *sushi-meshi* in forma allungata e la si avvolge in un filetto di pesce o in un altro ingrediente.

IL NIGIRIZUSHI è divertente da preparare nonostante possa essere più sfidante di altre tipologie di sushi. Un vassoio di nigirizushi è un antipasto ricco di gusto che riempie gli occhi ed è ideale per accompagnare un aperitivo.

Se optate per il nigirizushi con il pesce, dovrete cercare il miglior pescato fresco che possiate trovare in vendita e fare in modo di servirlo il prima possibile dopo la preparazione. Questo tipo di sushi, infatti, va consumato freschissimo.

NIGIRIZUSHI DI PESCE MISTO

Per l'acqua acidulata
250 ml di acqua fredda
1-2 cucchiai di aceto di riso

Per il nigirizushi
8 gamberi grandi
150 g di tonno pinna gialla da sashimi
150 g di orata da sashimi
150 g di salmone da sashimi
1 dose di *sushi-meshi* (*vedi* pp. 14-17)
1 foglio di alga nori, tagliato a strisce di ca. 2,5 x 8,5 cm
pasta wasabi
1 foglia di banano per decorare
zenzero marinato per servire

NELLA PAGINA SEGUENTE: NIGIRIZUSHI DI PESCE MISTO.

Nigirizushi di pesce misto

Step by step

1. Per l'acqua acidulata, mescolate l'acqua all'aceto di riso e tenete da parte.
2. Con uno stecchino, sollevate il filamento dei gamberi, tirandolo via dal ventre per eliminarlo, quindi infilzateli, uno a uno, con degli stuzzicadenti nel senso della lunghezza (dalla testa alla coda), per evitare che si arriccino in cottura.
3. Riempite di acqua una pentola capiente e portate a bollore. Unite i gamberi e fateli cuocere a fuoco basso per 2-3 minuti, finché non saranno rosa. Toglieteli dall'acqua usando delle bacchette oppure delle pinze da pietanza o da ghiaccio e immergeteli in una ciotola di acqua fredda per farli intiepidire.
4. Estraete con cura gli stuzzicadenti, eliminando poi teste e gusci.
5. Con un coltello praticate un'incisione lungo il centro del ventre e aprite ogni gambero in 2 (a libro).

VARIANTE PER CIRCA **20 PEZZI** PREPARAZIONE **30 MINUTI + TEMPO DI PREPARAZIONE DEL RISO**

Carpaccio di nigirizushi su barchette di indivia

Per l'acqua acidulata
250 ml di acqua fredda
1–2 cucchiai di aceto di riso

Per il nigirizushi
20 foglie medio-piccole di indivia
2 fogli di alga nori
1 bistecca di manzo di ca. 200 g (possibilmente di filetto) e di ca. 3 mm di spessore
1 dose di *sushi-meshi* (*vedi* pp. 14-17)
pasta wasabi e zenzero marinato, per servire

- Unite gli ingredienti per l'acqua acidulata.
- Preparate le foglie di indivia.
- Tagliatela nori a strisce di ca. 1 cm di base.
- Dal filetto ricavate dei rettangoli adeguati alle dimensioni delle foglie di indivia.
- Immergete le dita nell'acqua acidulata e pressate una manciata di riso modellandola in forma allungata, in modo tale che si adatti perfettamente all'incavo della foglia di insalata.
- Sistemate il riso sull'indivia, picchiettate di pasta wasabi e coprite con il manzo.
- Avvolgete il tutto con una striscia di nori, chiudendo sotto la foglia e facendo aderire le estremità tra loro con un po' di acqua. Ripetete i passaggi con gli altri ingredienti.
- Disponete le barchette nei piatti e servite accompagnando con zenzero marinato e pasta wasabi.

6. Adagiate il pesce su un tagliere pulito e asciutto. Affettate sottilmente il tonno, il salmone e l'orata, ricavando dei filetti di 2,5 x 5 cm circa.
7. Bagnate le dita nell'acqua acidulata e pressate delicatamente una cucchiaiata di riso (*sushi-meshi*) in una mano, dandole una forma allungata.
8. Picchiettate della pasta wasabi su un filetto di tonno e sistematelo con cura sopra il riso, pressandoli insieme e facendo in modo che aderiscano l'uno sull'altro. Ripetete l'operazione con gli altri filetti di tonno, di orata e di salmone.
9. Prendete un altro bocconcino di riso e modellatelo in forma allungata, quindi adagiatelo su un gambero. Chiudete e comprimete, facendo aderire il riso alle pareti del gambero.
10. Avvolgetelo con una striscia di *nori*, premendo tra loro le estremità sotto il riso, per farle aderire e chiudere il sushi. Ripetete i passaggi con gli altri gamberi.
11. Volendo, potete intagliare una foglia di banano a diamante e usarla per decorare un ampio piatto da portata.
12. Disponete il nigirizushi in modo scenografico e servite con lo zenzero.

VARIANTE PER **16-24 PEZZI** PREPARAZIONE **45 MINUTI + TEMPO DI PREPARAZIONE DEL RISO** COTTURA **15 MINUTI**

Nigirizushi ai peperoni

Per l'acqua acidulata
250 ml di acqua fredda
1–2 cucchiai di aceto di riso

Per il nigirizushi
2 peperoni piccoli rossi, privati dei semi e tagliati in 4-6 falde
1 peperone piccolo giallo, privato dei semi e tagliato in 4-6 falde
1 dose di *sushi-meshi* (*vedi* pp. 14-17)
pasta wasabi
2 fogli di alga nori, tagliati a striscioline sottili
alga *wakame*, per decorare

- Preparate l'acqua acidulata.
- Riscaldate una piastra sul gas o una griglia sulla parte alta del forno (modalità grill).
- Fate grigliare le falde di peperone facendone abbrustolire leggermente la pelle. Infilatele in un sacchetto di plastica per alimenti e lasciatele trasudare per 10 minuti. Toglietele dalla plastica e spellatele.
- Tagliate le falde a pezzi di 4x6 cm circa.
- Bagnate le dita nell'acqua acidulata e strizzate una manciata di riso dandole una forma allungata, poi picchiettate un po' di pasta wasabi sul bocconcino.
- Sistemate un rettangolo di peperone sul riso. Avvolgete il tutto con una striscia di nori; chiudetela sul lato inferiore e fate aderire le estremità con un po' d'acqua. Ripetete i passaggi con gli altri ingredienti.
- Impiattate, decorate con l'alga e servite.

PER **CIRCA 16 PEZZI** PREPARAZIONE **45 MINUTI + TEMPO DI PREPARAZIONE DEL RISO** COTTURA **10–15 MINUTI**

Tamago nigiri

IL NIGIRIZUSHI può anche essere preparato con un particolare tipo di omelette giapponese, detta *tamago*.

DIVERSAMENTE dalle omelette alla francese, che vengono arrotolate dopo la cottura, tale operazione con quelle giapponesi avviene durante la frittura. Il risultato è una sorta di rotolino all'uovo, cotto in padelle rettangolari chiamate makiyakinabe.

TAMAGO NIGIRI

Per l'acqua acidulata

250 ml di acqua fredda

1-2 cucchiai di aceto di riso

Per il tamago nigiri

2 fogli di alga nori

4 uova grandi e 1 tuorlo grande

2 cucchiai di zucchero

1 cucchiaino di salsa di soia

1 noce di burro

pasta wasabi

1/2 dose di *sushi-meshi* (*vedi* pp. 14-17)

insalata verde, coriandolo e ravanelli affettati per decorare

NELLA PAGINA SEGUENTE: TAMAGO NIGIRI .

1
2
4
5
7
8
10
11
13
14

Tamago nigiri
Step by step

Le tamagoyaki *(padelle giapponesi da omelette) si possono trovare nei negozi di casalinghi più forniti, oppure acquistandole online sui siti specializzati nelle vendita di questo tipo di articoli.*

1. Fate scaldare la padella da omelette a fuoco medio-basso.
2. Per l'acqua acidulata: in una ciotolina, mescolate l'acqua e l'aceto, poi tenete da parte.
3. Tagliate i fogli di alga nori prima a metà, poi a strisce larghe 5 mm circa.
4. In una terrina, mescolate le uova intere con il tuorlo, con l'aiuto di bacchette, oppure sbattete amalgamando bene il composto. Incorporate lo zucchero e la salsa di soia senza smettere di mescolare.
5. Versate il composto in una caraffa.
6. Fate sciogliere il burro in padella, allargandolo in modo uniforme su tutta la superficie.
7. Versate il composto in padella. Sollevatela e inclinatela per creare uno strato omogeneo sul fondo.
8. Quando l'uovo avrà preso un aspetto opaco e riuscirete a infilare una spatola sotto l'omelette senza romperla, con le bacchette, sollevate il bordo e iniziate ad arrotolare.
9. Continuate ad avvolgere l'omelette su se stessa, allentando i giri.
10. Quando sarà tutta arrotolata, capovolgetela su un tagliere pulito e asciutto.
11. Affettatela ricavando delle listarelle di 4x6 cm circa.
12. Bagnate le dita nell'acqua acidulata e in una mano pressate delicatamente una cucchiaiata di riso (*sushi-meshi*), dandole forma allungata. Ripetete i passaggi con il resto del riso.
13. Picchiettate della pasta wasabi su ogni bocconcino e sovrapponetevi una listarella di omelette.
14. Avvolgete il tutto con una striscia di nori al centro, premendo tra loro le estremità sotto il riso, per farle aderire e chiudere il sushi. Ripetete i passaggi con il resto dei bocconcini e dell'omelette.
15. Disponete il nigiri nei piatti da portata, decorate con le foglie di insalata, il coriandolo e il ravanello, quindi servite

PER **24 PEZZI** PREPARAZIONE **45 MINUTI + TEMPO DI PREPARAZIONE DEL RISO**

Gunkanmaki

IL GUNKANMAKI, detto anche "sushi a corazzata", è un tipo di nigiri pressato con le mani e dalla forma particolare.

PER IL gunkanmaki è necessario preparare delle strisce di alga nori, da usare per avvolgere verticalmente dei bocconcini di riso modellati in forma allungata. Le strisce di nori devono essere un po' più alte rispetto al livello del riso, lasciando così spazio alla copertura: le uova di pesce sono la farcitura tradizionale, ma ogni ingrediente scivoloso o tritato, incluse le insalate, può andare bene, come quella di tonno, o di maionese e mais ecc. Il gunkanmaki è stato inventato dal ristorante Ginza Kyubey di Tokyo nel 1941.

GUNKANMAKI ALLE UOVA DI PESCE

Per l'acqua acidulata

250 ml di acqua fredda

1-2 cucchiai di aceto di riso

Per il gunkanmaki

4 fogli di alga nori

1 dose di *sushi-meshi* (*vedi* pp. 14-17)

pasta wasabi

120 g di uova di pesce volante verdi (*tobiko* verde)

120 g di caviale di salmone

120 g di caviale (o uova di pesce nere)

zenzero marinato per decorare

pasta wasabi e salsa di soia per servire

NELLA PAGINA SEGUENTE: GUNKANMAKI ALLE UOVA DI PESCE.

Gunkanmaki alle uova di pesce

Step by step

1. Per l'acqua acidulata: in una ciotola, mescolate l'acqua e l'aceto, poi tenete da parte.
2. Tagliate ogni foglio di alga nori in 6 strisce uguali.
3. Bagnate le dita nell'acqua acidulata e in una mano pressate delicatamente una cucchiaiata di riso (*sushi-meshi*), dandole una forma allungata. Ripetete l'operazione con il resto del riso.
4. Picchiettate della pasta wasabi su un bocconcino.
5. Avvolgete una striscia di nori attorno al riso.
6. Su una delle due estremità della striscia, premete qualche chicco usandolo come adesivo per sigillare il sushi. Il riso farà in modo che i due lati dell'alga aderiscano bene tra loro formando un anello ben stretto.
7. I bordi della striscia devono essere leggermente più alti rispetto al livello del riso, in modo da creare un incavo per la copertura. Ripete i passaggi con il resto del riso e delle strisce di *nori*.
8. Con un cucchiaino riempite lo spazio vuoto con i diversi tipi di uova di pesce. Una volta finito, ogni bocconcino assumerà così l'aspetto di una nave corazzata.
9. Sistemate il gunkanmaki sui piatti da portata.
10. Decorate con zenzero marinato, quindi portate in tavola con salsa di soia e pasta wasabi.

VARIANTE PER **24 PEZZI** PREPARAZIONE **45 MINUTI + 30 MINUTI PER LA MARINATURA** COTTURA **5-7 MINUTI**

Gunkanmaki al pollo teriyaki

Per l'acqua acidulata
250 ml di acqua fredda
1-2 cucchiai di aceto di riso

Per il gunkanmaki
4 fogli di alga nori
60 ml di salsa di soia nera
60 ml di saké
2 cucchiaini di zucchero
400 g di petto di pollo disossato, spellato e a straccetti sottili
1 dose di *sushi-meshi* (*vedi* pp. 14-17)
salsa chili non piccante, erba cipollina tritata, maionese piccante (*vedi* pag. 119) e capperi, per decorare

- Preparate l'acqua acidulata.
- Tagliate ogni foglio di alga nori in 6 strisce uguali.
- In una ciotola mescolate bene la salsa di soia, con il saké e lo zucchero.
- Trasferite il pollo in una terrina capiente e versatevi la salsa appena preparata. Girate gli straccetti nel liquido in modo che non restino zone asciutte e lasciate marinare per 30 minuti.
- Scaldate una piastra o una padella e fate cuocere il pollo per 5-7 minuti, finché non sarà tenero.
- Bagnate le dita nell'acqua acidulata e in una mano pressate delicatamente delle cucchiaiate di riso, dando loro una forma allungata. Ripetete l'operazione con il resto del riso.
- Avvolgete le strisce di nori attorno ai bocconcini seguendo le istruzioni del video o gli step raffigurati a pag. 66.
- Con un cucchiaino riempite lo spazio vuoto con gli straccetti di pollo.
- Sistemate il gunkanmaki sui piatti. Completate metà delle "corazzate" con un velo di salsa chili ed erba cipollina.
- Guarnite le altre con un po' di maionese e uno o due capperi, quindi servite.

VARIANTE PER **24 PEZZI** PREPARAZIONE **45 MINUTI + TEMPO DI PREPARAZIONE DEL RISO** COTTURA **3-4 MINUTI**

Gunkanmaki all'insalata di gamberetti

Per l'acqua acidulata
250 ml di acqua fredda
1-2 cucchiai di aceto di riso

Per il gunkanmaki
4 fogli di alga nori
4 cucchiai di piselli surgelati
1 carota a dadini piccoli
sale
150 g di gamberetti, sgusciati, già cotti e tritati grossolanamente
90 ml di maionese piccante (*vedi* pag. 119)
1 dose di *sushi-meshi* (*vedi* pp. 14-17)
crescione novello, carote a lamelle sottilissime e semi di sesamo, per decorare

- Preparate l'acqua acidulata.
- Tagliate i fogli di nori in 6 fasce uguali.
- Cuocete piselli e carota in poca acqua bollente e salata, per 3-4 minuti, finché non saranno teneri. Scolate bene.
- In una terrina, mescolate bene i gamberetti con la maionese, i piselli e i dadini di carota.
- Bagnate le dita nell'acqua acidulata e pressate il riso, modellando dei bocconcini di forma allungata.
- Avvolgete le strisce di nori attorno ai bocconcini seguendo le istruzioni del video o gli step raffigurati a pag. 66.
- Completate con l'insalata di gamberetti.
- Sistemate il gunkanmaki sui piatti. Decorate prima il sushi con il crescione, poi il piatto, con la carota e semi di sesamo. Portate in tavola.

PER **CIRCA 30 PALLINE** PREPARAZIONE **45 MINUTI + TEMPO DI PREPARAZIONE DEL RISO**

Temarizushi

QUESTE simpatiche palline di sushi, in giapponese si chiamano *temarizushi*, ovvero «sushi pallamano».

IL TEMARIZUSHI è più semplice da realizzare rispetto ad altri tipi di sushi pressati con le mani e un vassoio di queste delizie sarà una soluzione di sicuro successo per un antipasto o per accompagnare l'aperitivo. Qui troverete la tecnica di base per prepararle, insieme a un paio di varianti, ma come sempre potrete sbizzarrirvi cambiando le coperture come più vi piace. Servitele con vari tipi di nigiri, con gli hosomaki o gli uramaki per un eccezionale effetto scenografico.

TEMARIZUSHI MISTO

Per l'acqua acidulata

250 ml di acqua fredda

1-2 cucchiai di aceto di riso

Per il temarizushi

1 dose di *sushi-meshi* (*vedi* pp. 14-17)

180 g di filetto di orata da sashimi

16 foglie di *shiso*

2 cucchiaini di semi di sesamo nero

16 gamberi

pasta wasabi (facoltativo)

60 g di uova di pesce volante rosse

fettine sottili di limone non trattato ed erba cipollina per decorare

NELLA PAGINA SEGUENTE: TEMARIZUSHI MISTO.

Temarizushi misto

Step by step

1. Per l'acqua acidulata, mescolate l'acqua e l'aceto, poi tenete da parte.
2. Con uno stecchino, eliminate il filamento dei gamberi, tirandolo via dal ventre, quindi infilzate uno stuzzicadenti in ogni crostaceo, nel senso della lunghezza, per evitare che si arriccino in cottura.
3. Riempite di acqua una pentola capiente e portate a bollore a fuoco medio. Unitevi i gamberi e fateli cuocere per 2-3 minuti, finché non saranno rosa. Toglieteli dall'acqua usando delle bacchette o delle pinze e immergeteli in una ciotola di acqua ghiacciata per lasciarli raffreddare.
4. Scolateli ed estraete gli stuzzicadenti. Eliminate teste e gusci e asciugateli con carta assorbente da cucina.
5. Tagliate i gamberi a metà lungo il lato corto, quindi apriteli in mezzo, nel senso della lunghezza, facendo poi lo stesso con ognuno dei due lati.
Tenete da parte.

VARIANTE PER **CIRCA 30 PALLINE** PREPARAZIONE **30 MINUTI + TEMPO DI PREPARAZIONE PER IL RISO**

Temarizushi vegetariano

Per l'acqua acidulata
250 ml di acqua fredda
1-2 cucchiai di aceto di riso

Per il temarizushi
2 carote medie, grattugiate finemente
6 cipollotti tritati finemente
1 dose di *sushi-mesi* (*vedi* pp. 14-17)
40 g di semi di sesamo bianco tostati
40 g di semi di sesamo nero tostati

Per la salsa wasabi allo zenzero
1 cucchiaio di wasabi in polvere
60 ml di acqua
1 spicchio di aglio
1 cucchiaio di zenzero fresco tritato finemente
2 cucchiai olio di semi di arachidi
3 cucchiai di aceto di riso
90 ml di salsa di soia

- Preparate l'acqua acidulata.
- In una ciotola, mescolate il riso con le carote e i cipollotti.
- Dalla pellicola per alimenti, ritagliate 30 foglietti quadrati di 15 cm per lato. Allargatene uno su un tagliere asciutto.
- Bagnate le dita nell'acqua acidulata, pressate una manciata di riso e modellate una pallina. Posatela sulla pellicola.
- Avvolgetevi la pallina seguendo il video o gli *step* raffigurati in alto. Fate lo stesso con ciò che rimane del riso.
- Liberate il sushi dalla pellicola e passatene metà nel sesamo nero, il resto nel bianco.
- Mescolate tutti gli ingredienti per la salsa e usatela per accompagnare il *temarizushi*.

6. Tagliate il filetto di orata in senso trasversale ottenendo 16 tranci sottilissime e squadrate (4 cm per lato).
7. Dalla pellicola per alimenti, ritagliate 30 foglietti quadrati di 15 cm per lato.
8. Allargatene uno su un tagliere asciutto e pulito e, al centro, disponete un pezzetto di gambero aperto. Se volete picchiettatelo con della pasta wasabi.
9. Bagnate le dita nell'acqua acidulata, prendete una manciata scarsa di riso (*sushi-meshi*) e posatela sul gambero.
10. Avvolgete la pellicola da cucina attorno alla pallina attorcigliandone bene le estremità, in modo da compattarla il più possibile. Ripetete i passaggi con il resto dei gamberi.
11. Adagiate un trancio di orata al centro di un altro quadrato di pellicola e sovrapponetevi una foglia di *shiso*. Bagnate le dita nell'acqua acidulata, prendete una manciata scarsa di riso e posatela sulla foglia. Avvolgete la pellicola attorno alla pallina come fatto in precedenza. Ripetete i passaggi con il resto dell'orata.
12. Liberate le palline dalla pellicola e disponetele nei piatti. Completate quelle ai gamberi con uova di pesce; le altre con il sesamo. Decorate e servite.

VARIANTE PER **CIRCA 30 PALLINE** PREPARAZIONE **30 MINUTI + TEMPO DI PREPARAZIONE DEL RISO**

Temarizushi all'avocado

Per l'acqua acidulata
250 ml di acqua fredda
1-2 cucchiai di aceto di riso

Per il temarizushi
3 cucchiai di semi di sesamo nero
3 cucchiai di semi di sesamo bianco
3 cucchiai di scaglie di mandorla tritate
4 cipollotti tritati finemente
1 dose di *sushi-mesi* (*vedi* pp. 14-17)
2 avocado sbucciati, denocciolati, tagliati a metà e affettati molto sottilmente
foglie di *shiso* rosso, per decorare

- Preparate l'acqua acidulata.
- In una ciotola, mescolate il riso con il sesamo, le mandorle e i cipollotti.
- Dalla pellicola per alimenti, ritagliate 30 foglietti quadrati di 15 cm per lato. Allargatene uno su un tagliere asciutto.
- Adagiate al centro quattro o cinque fette di avocado, sovrapponendole leggermente.
- Bagnate le dita nell'acqua acidulata, pressate una manciata di riso e modellate una pallina. Posatela sull'avocado.
- Avvolgete la pallina nella pellicola seguendo il video o gli *step* raffigurati in alto. Fate lo stesso con ciò che rimane del riso.
- Liberate il sushi dalla pellicola, impiattate, decorate con foglie di *shiso* e servite.

PORZIONI **2 (8-12 PEZZI)** PREPARAZIONE **45 MINUTI + TEMPO DI PREPARAZIONE DEL RISO** COTTURA **10 MINUTI**

Ika meshi

QUESTO piatto in Giappone significa «riso ai calamari».

IKA MESHI

2	calamari medi puliti
3	cucchiai di saké
3	cucchiai di aceto di riso
2	cucchiai di zucchero
1	cucchiaio di *mirin*
2	cucchiai di salsa di soia
60	g di petto di pollo macinato
1	cucchiaio di zenzero fresco sbucciato e tritato finemente
1/2	dose di *sushi-meshi* (*vedi* pp. 14-17)
	alga *wakame* e insalata verde per decorare

OLTRE a non essere troppo complicato da preparare, l'ika meshi è il miglior abbinamento tra sushi-meshi *e calamari. Fate attenzione a non lasciarli cuocere troppo, altrimenti diventeranno duri e gommosi. Per la cottura, infatti, bastano 1-2 minuti: la polpa del calamaro dovrà risultare di un colore latteo. Volendo potete variare il ripieno aggiungendo semi di sesamo o altri ingredienti.*

NELLA PAGINA SEGUENTE: IKA MESHI.

1
2
4
5
7
8
10
11
13
14

Ika meshi
Step by step

In molte pescherie, i calamari vengono venduti già puliti, ma non è difficile farlo a casa. Con un coltello affilato eliminate i due tentacoli più lunghi, sotto gli occhi. Capovolgete quelli più piccoli e strizzate il corpo per far uscire il "becco" e rimuoverlo. Tagliate via anche le pinne laterali e comprimete ancora il mantello, togliendo le viscere, compresa la "penna" di cartilagine trasparente che si trova all'interno.

1. Sciacquate accuratamente i calamari sotto acqua fredda corrente.
2. Spellate il mantello tirando la pelle verso il basso, in senso opposto al corpo dei molluschi.
3. Eliminate i tentacoli più piccoli rimasti e tenete i mantelli da parte.
4. Tagliate i tentacoli e le pinne grossolanamente, mettendoli da parte insieme ai mantelli.
5. Riempite una pentola di acqua fino a metà e portate a bollore. Unite un cucchiaio di saké e uno di aceto di riso. Aggiungete i mantelli e fate cuocere per 1-2 minuti. Non superate tale tempo di cottura altrimenti la polpa resterà gommosa.
6. Togliete i calamari dall'acqua, poi immergeteli in acqua ghiacciata per farli raffreddare. Scolateli, trasferiteli in una terrina poco profonda e bagnateli con il resto dell'aceto di riso.
7. Tritate molto finemente i tentacoli e gli altri ritagli.
8. In un pentolino, unite i restanti due cucchiai di saké allo zucchero, al *mirin* e alla salsa di soia, portando a bollore a fuoco medio. Aggiungete il pollo, le parti tritate del calamaro e lo zenzero. Girate bene con la forchetta finché la carne non sarà biancastra.
9. Con una schiumarola, trasferite il composto di carne e calamaro in una ciotola, lasciando il liquido di cottura nel pentolino.
10. Fatelo ridurre a fuoco alto per 1-2 minuti, finché non sarà denso.
11. Rimettete la carne nel pentolino perché si insaporisca e spegnete.
12. Aggiungete il composto al riso (*sushi-meshi*) mescolando bene.
13. Farcite ogni calamaro con il ripieno di riso e carne.
14. Trasferite i due fagotti su un tagliere asciutto e affettateli ognuno in quattro o sei parti uguali.
15. Impiattate, decorate con alga *wakame* e insalata verde, quindi servite.

PORZIONI **4-6** PREPARAZIONE **45 MINUTI + 4 ORE DI AMMOLLO + TEMPO DI PREPARAZIONE DEL RISO** COTTURA **25-30 MINUTI**

Edomae chirashi-zushi

È IL sushi più facile da fare, perché si presenta come piatto misto. In questo caso, gli ingredienti si dispongono ad arte su un letto di riso.

EDO, da cui prende il nome questo tipo di sushi, è l'antica Tokyo. Si tratta di un piatto classico, con frutti di mare cotti e crudi, funghi e omelette, che potrete però variare in base ai vostri gusti o agli ingredienti che avete a disposizione. La ricetta prevede il brodo dashi che può essere realizzato con appositi prodotti in polvere o granulari. Basterà versare il preparato in acqua bollente e lasciare sobbollire per il tempo indicato sulla confezione.

EDOMAE CHIRASHI-ZUSHI

- 16 funghi shiitake secchi
- 1 dose di *sushi-meshi* (*vedi* pp. 14-17)
- 250 ml di brodo *dashi*
- 120 ml di salsa di soia scura
- 60 ml di *mirin*
- 60 ml di saké
- 2 cucchiai di zucchero
- 4 carote medie, tagliate per lungo a bastoncini sottili
- 6 gamberi
- 6 pezzi quadrati di calamaro di 8 cm per lato
- 2 uova grandi e 4 tuorli grandi
- 350 g di tonno fresco da sashimi
- 6 taccole sbollentate e affettate sottilmente per lungo
- ciuffetti di crescione e semi di sesamo per decorare

NELLA PAGINA SEGUENTE: EDOMAE CHIRASHI-ZUSHI.

Edomae chirashi-zushi

Step by step

1. Mettete in ammollo i funghi in acqua calda, per circa 4 ore, finché non saranno morbidi, e scolateli.
2. In un pentolino, mescolate 120 ml di *dashi* con 60 ml di salsa di soia, il *mirin* e 2 cucchiai di saké, poi fate scaldare a fuoco medio. Unite i funghi e cuocete per 15 minuti. Togliete dal fuoco e lasciate riposare per 2 ore.
3. Scolate e sceglieteт dodici funghi tra quelli esteticamente più belli. Tagliateli a metà e teneteli da parte.
4. Tritate gli altri shiitake.
5. A fuoco medio, fate scaldare in un pentolino, ciò che resta del *dashi*, della salsa di soia e del saké con lo zucchero. Aggiungete le carote e cuocetele per 7-8 minuti, finché non saranno tenere.
6. Scolate e fate raffreddare.
7. Con uno stecchino, eliminate il filamento dei gamberi, infilzatene uno in ogni gambero, nel senso della lunghezza, perchè non si arriccino in cottura.
8. Cuocete i gamberi in acqua bollente per 2-3 minuti, finché non saranno rosa. Toglieteli e immergeteli in acqua ghiacciata per farli raffreddare.
9. Scolateli e asciugateli con carta assorbente da cucina. Togliete le teste e apriteli per lungo, praticando un'incisione nel sottopancia.
10. Incidete diagonalmente i pezzi di calamaro a intervalli di 5 mm circa.
11. Sbollentateli per 20-30 secondi finché non si arricceranno.
12. Metteteli in acqua e ghiaccio; scolate.
13. Sbattete le uova intere con i tuorli e passate il composto con il colino.
14. Cuocete un'omelette grande in padella. Una volta fredda, avvolgetela e affettatela a striscioline sottili.
15. Mescolate i funghi al riso (*sushi-meshi*).
16. Tagliate il tonno perpendicolarmente alla fibra, a tranci di 5 mm di spessore.
17. Trasferite il riso su un piatto da portata o distribuitelo in 4 o 6 piatti singoli. Coprite in modo decorativo con omelette, funghi, gamberi, calamari, tonno, carote e taccole.
18. Decorate il piatto e servite.

VARIANTE PORZIONI **4-6** PREPARAZIONE **20 MINUTI + TEMPO DI PREPARAZIONE DEL RISO**

Edomae chirashi-zushi tonno & salmone

- 2 cucchiai di semi di sesamo bianco tostati
- 1 dose di *sushi-meshi* (*vedi* pp. 14-17)
- 120 g di salmone fresco da sashimi a tranci sottili
- 120 g di tonno fresco da sashimi a tranci sottili
- 2 cucchiaini di uova di pesce volante
- 2 cucchiai di alga *wakame*
- 1 cucchiaio di zenzero marinato
- pasta wasabi e salsa di soia, per servire

· In una terrina, mescolate il riso con i semi di sesamo tostati.

· Distribuite il riso in 4 o 6 ciotole.

· Coprite ogni porzione disponendo delle fettine di salmone e di tonno. Completate con le uova di pesce volante, l'alga wakame e lo zenzero marinato.

· Servite con pasta wasabi e salsa di soia.

PORZIONI **4-6** PREPARAZIONE **45 MINUTI + TEMPO DI PREPARAZIONE DEL RISO + 1 ORA DI RIPOSO** COTTURA **10-15 MINUTI**

Gomoku-zushi

PER IL il gomoku-zushi, o "sushi allo stile del Kansai", l'abbinamento si unisce al riso appena prima di servire.

GOMOKU-ZUSHI

1 pezzo di zenzero di ca. 5 cm tritato finemente
2 spicchi di aglio tritati finemente
1 cipollotto tritato finemente
1 cucchiaio di semi di coriandolo schiacciati
sale e pepe macinato al momento
60 ml di saké
1 filetto di salmone di ca. 500 g, già spellato
1 ananas piccolo
20 g di burro
1 cucchiaio di peperoncino essiccato e a scaglie
1 avocado sbucciato, denocciolato e a dadini
1 cetriolo piccolo a dadini
1 pomodoro grande a dadini
1 mazzetto piccolo di coriandolo fresco spezzettato grossolanamente
1 dose di *sushi-meshi* (*vedi* pp. 14-17)

QUESTO tipo di sushi è uno dei più semplici da preparare ed è perfetto sia per una cena in famiglia, sia per un brunch informale con gli amici.

Una volta imparata la ricetta, sarà semplice provare nuove varianti, abbinando diversi ingredienti e scegliendo tra quelli che preferite.

NELLA PAGINA SEGUENTE: GOMOKU-ZUSHI.

Gomoku-zushi
Step by step

1. In una ciotola, mescolate lo zenzero, con l'aglio, il cipollotto, il coriandolo, sale e pepe.
2. Unite prima il saké, poi il salmone, rigirandolo bene e coprendolo con il composto, quindi lasciate marinare per un'ora.
3. Sbucciate l'ananas e tagliate la polpa a dadini. Tenete da parte.
4. Scaldate ca. 20 g di burro in una padella media, finché non inizia a sfrigolare.
5. Aggiungete il peperoncino, l'ananas e 2 cucchiai di marinata al saké, facendo poi evaporare la parte liquida. Tenete da parte.
6. Scaldate una padella a fuoco alto, scioglietevi l'altra metà del burro e scottate il salmone per 1-2 minuti.
7. Toglietelo dalla pentola e fatelo raffreddare leggermente.
8. Unite l'avocado, il cetriolo, il pomodoro e il coriandolo al riso (*sushi-meshi*), mescolando il tutto.
9. Affettate sottilmente il filetto di salmone.
10. Distribuite il riso in 8 piatti singoli. Ricoprite i mucchietti con fettine di salmone e completate con il condimento all'ananas, quindi servite subito.

VARIANTE PORZIONI **4-6** PREPARAZIONE **30 MINUTI + 6-12 ORE PER LA MARINATURA** COTTURA **20-25 MINUTI**

Gomoku-zushi di primavera

Per i fiorellini di ravanello
4 ravanelli spuntati
2 cucchiai di aceto di riso
2 cucchiai di zucchero

Per i fiorellini di uovo
1 uovo grande sbattuto
sale
1/2 cucchiaino di maizena, sciolta in 1 cucchiaino di acqua
olio di semi di girasole, per friggere

Per le verdure
6 funghi shiitake secchi
5 cucchiai di zucchero
2 cucchiai e 1/2 di *mirin*
60 ml di brodo di pollo
1 cucchiaino di salsa di soia
1 carota piccola, tagliata a bastoncini sottili di ca. 2,5 cm
8 taccole spuntate
1 filetto di merluzzo di ca. 120 g
1 cucchiaio di saké
250 g di gamberetti sgusciati e cotti al dente
3 cucchiai di semi di sesamo bianco, leggermente tostati in padella
1 dose di *sushi-meshi* (*vedi* pp. 14-17)

- Per i fiorellini di ravanello: su ogni ravanello incidete piccoli spicchi, che eliminerete, tagliateli di lato, ottenendo così forme floreali con 5 o 6 petali.
- In una ciotola, mescolate l'aceto di riso con lo zucchero fino a farlo sciogliere. Unite i ravanelli e fateli marinare per 6 ore, o per tutta la notte.
- Per i fiorellini di uovo: in una terrina sbattete l'uovo con un pizzico di sale e la maizena.
- Scaldate un padellino, ungetelo, versate il composto all'uovo e fate cuocere l'omelette. Con dei coppapasta o degli stampini da biscotti ricavate delle forme floreali.
- Per le verdure: lasciate ammollare i funghi in acqua calda per 4 ore.
- Scolateli conservando il liquido di ammollo, poi eliminate i gambi e affettate le cappelle.
- In un pentolino, aggiungete ai funghi 90 ml del liquido di ammollo, 2 cucchiai di zucchero, il *mirin* e fate evaporare a fuoco lento.
- Versate il brodo in una pentola, unite 1/2 cucchiaino di zucchero, un po' di sale e la carota. Portate a bollore e lasciate sul fuoco per 2-3 minuti, finché i bastoncini non saranno ben cotti. Fate raffreddare.

- Sbollentate le taccole in acqua salata e tagliatele diagonalmente.
- Lasciate il merluzzo in acqua bollente per 3-4 minuti, poi scolatelo. Trasferitelo in un tegame asciutto, unite il saké, lo zucchero restante e il sale, quindi con una forchetta sfaldate la polpa del pesce tenendo il fuoco basso.
- Aggiungete al riso, i funghi, la carota, le taccole, il pesce, i gamberetti e i semi di sesamo, mescolando bene il tutto. Decorate con i fiorellini di ravanello e di uovo, quindi servite.

VARIANTE PORZIONI **4-6** PREPARAZIONE **30 MINUTI + TEMPO DI PREPARAZIONE DEL RISO** COTTURA **10 MINUTI**

Gomoku-zushi "per principianti"

300 g di piselli surgelati
100 g di fagiolini a pezzetti
1 manciata di taccole a pezzetti
1 zucca gialla piccola o 1 zucchino medio affettati sottilmente
3 uova grandi
1 pizzico di sale
1 pizzico di zucchero
1 cucchiaio di olio di semi di arachidi
1 carota media grattugiata
1 cetriolo piccolo, sbucciato, privato dei semi e grattugiato
2 cipollotti affettati sottilmente
4 cucchiai di zenzero marinato
3 cucchiai di semi di sesamo tostati
1 dose di *sushi-meshi* (*vedi* pp. 14-17)

- In una pentola per la cottura a vapore, mescolate i piselli con i fagiolini e le taccole. Fate cuocere per 5 minuti o finché i legumi non saranno teneri.
- In una ciotola media sbattete le uova con sale e zucchero.
- Scaldate l'olio in una padella ampia; versatevi le uova, inclinandola per allargare il composto, e friggete l'omelette.
- Capovolgetela su un tagliere, arrotolatela allentando i giri e tagliatela in modo irregolare, a pezzetti.
- Unite l'omelette e gli altri ingredienti al riso, mescolando bene il tutto.
- Trasferite in un piatto da portata e servite il sushi caldo o a temperatura ambiente.

PORZIONI **4-6** PREPARAZIONE **45 MINUTI + TEMPO DI PREPARAZIONE PER IL RISO** COTTURA **15-20 MINUTI**

Inarizushi

L'INARIZUSHI si prepara mescolando il *sushi-meshi* a vari ingredienti e utilizzando il composto per farcire le tasche di tofu fritte.

*L'*INARIZUSHI *prende il nome da una delle più importanti divinità shintoiste, Inari, che secondo il mito avrebbe un vero "debole" per il tofu fritto. Per l'*inarizushi*, inventato - si presume -nel 1853, si utilizzano delle tasche di tofu dette* aburaage*, reperibili nei negozi di prodotti alimentari asiatici oppure online, sui siti specializzati. Ma si possono anche trovare già tagliate a metà, in genere in lattina, e pronte per essere farcite di riso. Tuttavia è sempre meglio prepararle in casa, anche se ci vuole un po' più di tempo e di abilità.*

INARIZUSHI AI GAMBERI PICCANTI

Per l'acqua acidulata
250 ml di acqua fredda
1-2 cucchiai di aceto di riso

Per l'inarizushi
6 tasche di tofu (*aburaage*)
375 ml di brodo dashi (*vedi* pag. 76)
3 cucchiai di zucchero grezzo di canna
2 cucchiai di saké
2 cucchiai di *mirin*
60 ml di salsa di soia

Per il ripieno
500 g di gamberi, sgusciati e privati del filamento
90 ml di maionese
1-2 cucchiai di salsa *sriracha* o a piacimento
1-2 cucchiai di coriandolo fresco per decorare
1 dose di *sushi-meshi* (*vedi* pp. 14-17)

NELLA PAGINA SEGUENTE: INARIZUSHI.

1
2
4
5
7
8
10
11
13
14

Inarizushi ai gamberi piccanti
Step by step

1. Per l'acqua acidulata, mescolate l'acqua e l'aceto. Tenete da parte.
2. Immergete le tasche di tofu in acqua bollente lasciandole per 2 minuti.
3. Scolatele e asciugatele su carta assorbente da cucina, per eliminare l'olio.
4. In una pentola media, portate a bollore il brodo *dashi* a fuoco medio-alto. Unite lo zucchero grezzo di canna, il saké, il *mirin* e la salsa di soia, poi abbassate la fiamma lasciando sobbollire.
5. Aggiungete le tasche e proseguite la cottura per altri 10 minuti. Togliete la pentola dal fuoco e fatele raffreddare nel liquido di cottura.
6. Scolatele su carta assorbente da cucina, strizzando via il brodo in eccesso.
7. Tagliate la tasche a metà in modo da ottenere 12 "astucci" aperti.
8. Cuocete i gamberi in acqua bollente, a fuoco basso, per 2-3 minuti.
9. Con una schiumarola trasferiteli in una terrina con acqua ghiacciata, per farli raffreddare. Scolateli e asciugateli su carta assorbente da cucina.
10. Tritateli grossolanamente e metteteli in una ciotola.
11. Incorporatevi la maionese e una quantità di *sriracha* sufficiente a ottenere un composto piccante.
12. Bagnate le dita nell'acqua acidulata e prendete delle manciate di riso (*sushi-meshi*), pressandole e modellando delle forme allungate.
13. Farcite di riso le tasche di tofu, comprimendo bene per far spazio alla copertura.
14. Completate con i gamberi alla salsa piccante.
15. Disponete il sushi nei piatti, decorate con il coriandolo e servite.

VARIANTE PORZIONI **4-6** PREPARAZIONE **30 MINUTI + TEMPO DI PREPARAZIONE DEL RISO E DELLE TASCHE** COTTURA **3-4 MINUTI**

Inarizushi ai funghi

6 tasche di tofu (*aburaage*)
24 cappelle di funghi *shiitake* affettate sottilmente
120 ml di salsa di soia
1 dose di *sushi-meshi* (*vedi* pp. 14-17)
crescione e zenzero marinato, per decorare

- Preparate le tasche di tofu seguendo le istruzioni nel video o gli *step* raffigurati nella pagina a fianco. Tenete da parte.
- Conservando dodici fettine ottenute dalle cappelle per la decorazione finale, mescolate i funghi a ca. 50 ml di salsa di soia in una padella. Fate cuocere a fuoco medio, per 3-4 minuti, finché non saranno teneri.
- Unite le cappelle insaporite con la salsa di soia al riso, rigirando bene il tutto.
- Con un cucchiaino riempite le tasche, pressando leggermente il composto.
- Completate ognuna delle tasche ripiene con una fettina di fungo.
- Disponetele nei piatti, decorate e servite insieme al resto della salsa di soia.

VARIANTE PORZIONI **4-6** PREPARAZIONE **30 MINUTI + TEMPO DI PREPARAZIONE DEL RISO E DELLE TASCHE** COTTURA **15 MINUTI**

Inarizushi alla quinoa

6 tasche di tofu (*aburaage*)
250 g di quinoa mista
625 ml di acqua
90 ml di aceto di riso
2 cucchiai di zucchero di canna
1 cucchiaino di sale
1 cucchiaio e 1/2 di semi di sesamo nero
5 cipollotti, 3 tritati finemente e 2 tagliati a striscioline per decorare

- Preparate le tasche di tofu seguendo le istruzioni nel video o gli step raffigurati nella pagina a fianco. Tenete da parte.
- In un colino, sciacquate la quinoa sotto l'acqua fredda corrente finché l'acqua di scolo non sarà limpida.
- Versate i chicchi in una pentola media colma di acqua e portate a bollore. Lasciate sul fuoco a fiamma bassa finché l'acqua non verrà completamente assorbita e la quinoa non sarà cotta (circa 15 minuti). Trasferitela in una terrina poco profonda.
- A parte, mescolate l'aceto con il sale e lo zucchero fino a farlo sciogliere.
- Versate il liquido sulla quinoa, mescolando con un cucchiaio di legno per farla raffreddare.
- Incorporate i semi di sesamo e il cipollotto tritato sottilmente.
- Con un cucchiaino riempite le tasche di tofu, pressando leggermente il composto.
- Decorate le tasche di tofu con le striscioline di cipollotto.
- Disponete nei piatti e servite.

PORZIONI **4** PREPARAZIONE **1 ORA + 4 ORE DI AMMOLLO + TEMPO DI PREPARAZIONE DEL RISO** COTTURA **10-15 MINUTI**

Chakin-zushi

APPAGANO davvero la vista questi minifagotti ottenuti avvolgendo il ripieno di riso in un'omelette sottile e chiudendo le estremità con un filo di erba cipollina.

I FAGOTTINI di sushi, chakin-zushi o fukusa-zushi, *in giapponese, sono simili a sacchettini, come per l'inari, ma sono realizzati con omelette sottili al posto del tofu.* Chakin *indica la pezza di lino utilizzata per purificare le salviette durante la cerimonia del tè, mentre il* fukusa *era il tessuto in seta usato a corte, durante il periodo Heian, per avvolgere i doni o gli oggetti preziosi. Agli occhi degli occidentali assomigliano a portamonete vecchio stile, di qui il nome inglese* moneybags *con cui sono noti. La farcia è variabile, ma attenzione a non riempirli troppo: l'omelette sottile rischia, infatti, di rompersi.*

CHAKIN-ZUSHI

Per l'acqua acidulata

250	ml di acqua fredda
1-2	cucchiai di aceto di riso

Per il chakin-zushi

5	funghi shiitake secchi
1	cucchiaio di *mirin*
1	cucchiaio e 1/2 di maizena
60	ml di acqua
4	uova grandi + 4 tuorli grandi
1	cucchiaino di sale
60	ml di olio vegetale
3	cucchiai di semi di sesamo nero
1/2	dose di *sushi-meshi* (*vedi* pp. 14-17)
	erba cipollina, per chiudere i fagottini

NELLA PAGINA SEGUENTE: CHAKIN-ZUSHI.

1
2
4
5
7
8
10
11
13
14

Chakin-zushi
Step by step

Questo tipo di sushi risulta particolarmente d'effetto, ma richiede un po' di abilità e di esercizio. Il consiglio è di fare pratica prima di prepararli per un'occasione speciale con amici od ospiti.

1. Lasciate in ammollo i funghi in 250 ml di acqua calda per 4 ore.
2. Trasferite funghi e acqua in un pentolino e portate a bollore a fuoco medio. Aggiungete il *mirin*.
3. Spegnete, versate il contenuto della pentola in una ciotola e fate raffreddare.
4. Togliete i funghi dal liquido e affettateli.
5. In una terrina, sciogliete la maizena nell'acqua.
6. Unite le uova, gli albumi, il sale e sbattete bene.
7. Scaldate 1 cucchiaio di olio in un padellino tondo, di 18 cm di diametro. Versatevi una quantità sufficiente di uovo ad allargare uno strato omogeneo e sottile, inclinando poi la padella per coprire tutto il fondo. Cuocete a fuoco medio.
8. Capovolgete l'omelette e fatela cuocere dall'altro lato. Staccatela dalla padella e tenetela da parte. Usate il resto del composto allo stesso modo, ottenendo da 8 a 10 omelette.
9. In un padellino a parte, fate tostare i semi di sesamo a fuoco medio per 2-3 minuti, finché non saranno croccanti.
10. Incorporateli al riso (*sushi-meshi*) insieme ai funghi mescolando bene.
11. Bagnate le dita nell'acqua acidulata e prendete una manciata di riso, pressandola e modellando una pallina, che andrete ad adagiare al centro di un'omelette.
12. Sollevate i bordi e avvolgete l'omelette attorno alla pallina, avvicinando le estremità sopra al riso e chiudendo a fagottino.
13. Legate con un filo di erba cipollina.
14. Ripetete i passaggi con il resto dell'uovo sbattuto e del riso.
15. Disponete i fagottini nei piatti e portate in tavola.

PORZIONI **4-6** PREPARAZIONE **1 ORA + TEMPO DI PREPARAZIONE DEL RISO** COTTURA **5-10 MINUTI**

Kodomo zushi

LE RICETTE di questo capitolo, facili e veloci, si prestano a essere preparate con l'aiuto dei bambini, che daranno una mano divertendosi.

IL SUSHI in genere ha un aspetto accattivante e i bambini ne sono naturalmente attratti, anche se alcuni possono trovarli, al gusto, un po' troppo "da grandi". Qui troverete le varianti ideali per i più piccoli: sushi dalle forme simpatiche, dai colori stuzzicanti e dai sapori più comuni.

Oltre a essere molto salutare, il sushi è anche un'ottima idea per incoraggiare i bambini ad assaggiare un po' di tutto. Alcuni potranno stupirvi nell'apprezzare gusti particolari; se non sarà così, lo faranno da grandi e saranno più predisposti, da adulti, a provare cibi nuovi e originali.

KODOMO ZUSHI

1 dose di *sushi-meshi* (*vedi* pp. 14-17)

Per il sushi a stella

2 cucchiaini di olio vegetale
2 uova grandi
1 cucchiaio di latte
1 cucchiaio di zucchero

Per il sushi ad alberello

150 g di piselli surgelati
2 cucchiaini di zucchero
sale grosso marino

Per il sushi a cuore

2 tranci sottili di salmone affumicato o di prosciutto cotto

Per il sushi "a cavallo"

1 cetriolo
1 cucchiaino di semi di sesamo bianco
ciuffetti di crescione novello

NELLA PAGINA SEGUENTE: KODOMO ZUSHI.

Kodomo zushi

Step by step

1. Dividete il riso in quattro porzioni uguali.
2. Per la stella: scaldate l'olio in un padellino a fuoco medio. In una ciotola, sbattete le uova, il latte e lo zucchero, versando poi in padella.
3. Girate velocemente con le bacchette, e cuocete ottenendo così delle uova strapazzate. Trasferite in una ciotola e fate raffreddare.
4. Immergete in acqua uno stampino a forma di stella. Adagiatelo su un tagliere pulito e asciutto, riempiendolo poi di riso (*sushi-meshi*) e pressando bene.
5. Completate con un po' di uova strapazzate e togliete lo stampino con cura. Ripetete i passaggi fino a terminare la prima porzione di riso.
6. Per l'alberello: portate a bollore un pentolino pieno di acqua e fatevi cuocere i piselli per 2-3 minuti.
7. Scolate e asciugate su un canovaccio.
8. Passateli al mixer o pestateli in un mortaio ottenendo una poltiglia. Unite il sale e lo zucchero.
9. Immergete in acqua uno stampino a forma di alberello. Adagiatelo sul tagliere pulito e asciutto, riempiendolo poi di riso e pressando bene.
10. Completate con un po' di piselli schiacciati e togliete lo stampino con cura. Ripetete i passaggi fino a terminare la seconda porzione di riso.
11. Per il cuore: allargate un trancio di salmone sul tagliere asciutto e pulito, ricavandone delle forme con uno stampino a cuore.
12. Immergete lo stampino in acqua. Adagiatelo sul tagliere e riempitelo di riso pressando bene.
13. Completate con un cuoricino di salmone e togliete lo stampino con cura. Ripetete i passaggi fino a terminare la terza porzione di riso.
14. Per il sushi "a cavallo": sbucciate il cetriolo e affettatelo. Spuntate gli angoli delle fettine con l'aiuto di un coppapasta tondo e piccolo.
15. Immergete lo stampino in acqua. Adagiatelo sul tagliere pulito e asciutto, riempiendolo poi di riso e pressando.
16. Coprite con una fettina di cetriolo e togliete lo stampino.
17. Completate con sesamo e crescione. Fate lo stesso con il resto del riso.
18. Disponete i vari tipi di sushi nei piatti singoli, decorate a piacere e servite.

VARIANTE PORZIONI **4-6** PREPARAZIONE **30 MINUTI + 30 MINUTI DI RIPOSO** COTTURA **15 MINUTI**

Kodomo zushi alla frutta

200 g di riso bianco glutinoso
310 ml di acqua
50 g di zucchero
60 ml di latte di cocco
1 pizzico di sale
5-6 fragole affettate sottilmente
2-3 mandarini sbucciati e divisi in quarti
2 kiwi sbucciati e affettati sottilmente
fettine di ananas, fresco o in scatola, tagliate a spicchi
altra frutta, a piacere
180 ml di yogurt alla vaniglia, per intingere

• Versate il riso e l'acqua direttamente in una pentola media. Coprite, portate a bollore e proseguite la cottura per 15 minuti, finché l'acqua non sarà quasi del tutto assorbita.

• Lasciate riposare il riso per 15 minuti.

• Trasferitelo in una ciotola. Incorporate lo zucchero, il latte di cocco e il sale. Tenete da parte per altri 15 minuti.

• Immergete le dita in acqua fredda. Prendete delle cucchiaiate di riso e, con le mani, modellate delle forme ovali.

• Adagiatele su una teglia foderata di carta da forno e ricoprite con fettine di frutta, pressandole bene sul riso.

• Fate raffreddare finché non servite.

• Decorate a piacere e portate in tavola con lo yogurt, per intingere.

PORZIONI **4-6** PREPARAZIONE **45 MINUTI + 4-5 ORE PER SCOLARE & MARINARE IL PESCE**

Sashimi

IL SASHIMI è un piatto di grande delicatezza: consiste nel servire pesce freschissimo crudo e affettato molto sottilmente.

SUSHI e sashimi non sono la stessa cosa. Per il primo è fondamentale l'utilizzo di riso acetato, il secondo invece è pesce fresco di alta qualità servito crudo. Nonostante ciò, troverete qui alcune ricette di sashimi perché si abbina perfettamente al riso acetato in tutti i suoi abbinamenti. Se, poi, avete in programma di preparare un intero pasto giapponese, dovrete offrire anche qualcos'altro oltre al sushi!

SASHIMI

- 250 g di filetti di sgombro fresco da sashimi con la pelle
- 100 g di sale grosso marino
- 120 ml di aceto di riso
- 2 cucchiai di acqua
- 1/2 cucchiaio di zucchero
- 1/2 cucchiaio di *mirin*
- 250 g di filetti di orata fresca privati della pelle e delle lische
- 250 g di tonno fresco da sashimi, privato della pelle e delle lische
- 250 g di salmone fresco da sashimi, privato della pelle e delle lische
- 2-3 fettine sottilissime di limone non trattato, daikon grattugiato, foglie di *shiso*, bastoncini di carota e pasta wasabi per decorare
- salsa di soia per servire

NELLA PAGINA SEGUENTE: SASHIMI.

Sashimi
Step by step

1. Per lo sgombro: posate i filetti sul fondo di una terrina bassa e copriteli di sale, strofinando la polpa con cura.
2. Trasferiteli in un colino e lasciateli scolare per 3-4 ore.
3. Sciacquateli bene per eliminare il sale e asciugateli con un canovaccio da cucina pulito.
4. In una ciotola o una brocca, mescolate l'aceto di riso con l'acqua, il *mirin* e lo zucchero, fino a farlo sciogliere.
5. Posate lo sgombro in una terrina poco profonda e copritelo di marinata. Lasciate riposare per un'ora: la polpa dovrà schiarirsi.
6. Togliete il pesce dalla marinata

VARIANTE PORZIONI **4-6** PREPARAZIONE **15 MINUTI** COTTURA **10-15 MINUTI**

Sashimi di lutiano

Per la salsa miso & senape
2 tuorli grandi
200 g di miso bianco
2 cucchiai di saké
2 cucchiai di zucchero di canna scuro
150 ml di acqua
3 cucchiai di senape in polvere
3 cucchiai di aceto di riso

Per il sashimi
500 g di filetti di lutiano (*red snapper*) da sashimi, spellato e privato delle lische
3 spicchi di aglio tritati
1 pezzo di zenzero fresco di ca. 5 cm sbucciato
1 cucchiai di semi di sesamo bianco tostati ed erba cipollina per decorare

• In una ciotola sbattete bene i tuorli con il miso, il saké e lo zucchero, quindi incorporate 120 ml di acqua.

• Cuocete a bagnomaria, a fuoco molto basso, e fate ridurre la salsa mescolando.

• Togliete dal fuoco e lasciate intiepidire a temperatura ambiente.

• Tagliate il pesce a fettine.

• Disponetele nei piatti e insaporitele strofinandole leggermente con aglio e zenzero. Completate con semi di sesamo ed erba cipollina.

• Sciogliete la senape in 30 ml di acqua incorporando poi il liquido al condimento di *miso* e saké, insieme all'aceto.

• Irrorate le porzioni con la salsa e servite.

e delicatamente staccate lo strato di pelle più esterno, lasciando quello inferiore, iridescente. Tenete da parte.

7. Per il tonno: adagiate la trancia su un tagliere pulito e asciutto, e tagliatela a fettine di ca. 5 mm di spessore. Tenete da parte.
8. Per il salmone: adagiate il trancio sul tagliere pulito e asciutto, e tagliatela a fettine di ca. 5 mm di spessore. Tenete da parte.
9. Per l'orata: adagiate i filetti sul tagliere pulito e asciutto, e tagliateli a fettine trasversali inclinando il coltello. Tenete da parte.
10. Per lo sgombro: adagiate i filetti marinari sul tagliere pulito e asciutto, e tagliateli a tranci sottili.
11. Decorate i piatti con il daikon, sul quale andrete a disporre in modo scenico le fette di pesce.
12. Completate a piacere con *shiso*, carota, limone e pasta wasabi. Servite con salsa di soia.

VARIANTE PORZIONI **4-6** PREPARAZIONE **20 MINUTI + 24 ORE PER LA MARINATURA** COTTURA **5 MINUTI**

Sashimi tonno pinna gialla & limone

Per la salsa di soia di *Tosa*
2 cucchiai di *mirin*
75 ml di saké
1 quadrato di alga *kombu* essiccata, di 5 cm di lato e pulito con un panno umido
250 ml di salsa di soia scura
1 manciata di palamita essiccata e a straccetti
Per il sashimi
500 g di filetti di tonno pinna gialla da sashimi, spellati e privati delle lische
2 limoni non trattati
il bulbo e la parte bianca di 4 cipollotti affettati sottilmente e riccioli di carota, per decorare

- Scaldate il *mirin* e il saké in un pentolino fino a raggiungere il punto di fumo, poi, prestando molta attenzione, fiammeggiate per eliminare l'alcol.
- Mettete a marinare in frigorifero, per 24 ore, l'alga *kombu* e gli straccetti di palamita nella salsa di soia.
- Unite il *mirin* e il saké, quindi passate il liquido al colino, versandolo in un barattolo in vetro con il tappo. Chiudete e conservate la salsa al buio e al fresco, per almeno 1 mese prima di servirla.
- Affettate il tonno e il limone sottilmente.
- Disponete le fettine di limone nei piatti e sovrapponetevi quelle di pesce arrotolate.
- Sistemate al centro dei piatti dei mucchietti di cipollotto e carota. Servite con la salsa di soia "invecchiata".

PORZIONI **4-6** PREPARAZIONE **45 MINUTI** COTTURA **5-6 MINUTI**

Insalate di sashimi

TRADIZIONALMENTE, il sashimi è servito da solo, ma si abbina benissimo anche all'insalata verde mista.

COMPLETATE il vostro sushi con una di queste insalate. Il pesce fresco è ideale per accompagnarlo e, qualunque sia la tipologia scelta per le vostre preparazioni, le ricette presentate in questo capitolo vi permetteranno di realizzare un ottimo contorno, gustoso e salutare, da abbinarvi.

INSALATA DI SASHIM AL TONNO SCOTTATO

Per il tonno

- 1 trancia di tonno pinna blu da sashimi, di ca. 250 g
- sale e pepe macinato al momento
- 1 cucchiaio di olio di vinaccioli

Per l'insalata

- 1 cetriolo
- 2 daikon piccoli
- 1/2 cespo di indivia
- 1/2 cespo di Radicchio di Treviso
- 1 gambo di sedano
- 2 ravanelli
- 1 asparago
- 1 carota
- 2 germogli di zenzero *myoga*
- 60 g di radice di loto
- crescione, per decorare

Per il condimento

- 1 cipolla piccola bianca tritata
- 60 ml di salsa di soia
- 2 cucchiai di aceto di riso
- 1 cucchiaino di zucchero
- 1/2 cucchiaino di senape in polvere giapponese
- 2 cucchiai di olio di vinaccioli
- 2 cucchiai di olio di semi di sesamo

NELLA PAGINA SEGUENTE:
INSALATA DI SASHIMI AL TONNO SCOTTATO.

1
2
4
5
7
8
10
11
13
14

Insalata di sashimi al tonno scottato *Step by step*

1. Per il tonno: strofinate la trancia di sale e pepe
2. Scaldate l'olio in una piastra a fuoco alto.
3. Scottate il pesce esternamente su tutti e sei i lati.
4. Immergete la trancia in una terrina di acqua ghiacciata.
5. Toglietela dall'acqua e asciugatela bene con della carta assorbente da cucina.
6. Per l'insalata: con un pelapatate affettate tutte le verdure ricavandone delle listarelle, che lascerete riposare per 5 minuti in una ciotola di acqua ghiacciata.
7. Per il condimento: sciacquate la cipolla sotto l'acqua fredda per attenuarne il sapore intenso e lasciate scolate.
8. In una ciotola, sbattete la cipolla con la salsa di soia, l'aceto, lo zucchero e la senape in polvere. Aggiungete 1 cucchiaio di acqua e insaporite di sale e pepe.
9. Quando il sale sarà sciolto, incorporate al condimento l'olio di semi di vinaccioli e quello di semi di sesamo.
10. Fate scolare le verdure, scrollando il colino per eliminare l'acqua, e disponetele a mucchietto nei piatti singoli.
11. Tagliate la trancia di tonno a fette di ca. 3 mm di spessore.
12. Arrotolate le fettine su se stesse.
13. Sistematele attorno al mucchietto di verdure.
14 Insaporite con il condimento, aiutandovi con un cucchiaio.
15. Decorate con il crescione e portate in tavola.

VARIANTE PORZIONI **4-6** PREPARAZIONE **30 MINUTI + TEMPO DI PREPARAZIONE DEL RISO** COTTURA **2 MINUTI**

Calamari scottati & insalata di sushi

1 manciata di erbe aromatiche fresche miste (menta, prezzemolo, coriandolo)
1 pezzo di zenzero di ca. 5 cm, tritato
1 spicchio di aglio tritato
il succo di 1 lime
1 cucchiaio di salsa di soia leggera
1 cucchiaio di miele
60 ml di olio di semi di girasole
2 cucchiai di salsa chili non piccante
2 calamari grandi, puliti e ad anelli
sale e pepe macinato al momento
1 cetriolo piccolo, a dadini
4 cipollotti affettati sottilmente
1 peperoncino rosso, privato dei semi e a rondelle molto sottili
2 cucchiai di zenzero marinato tritato
1 dose di *sushi-meshi* (*vedi* pp. 14-17)

• Nel contenitore del mixer, unite le erbe aromatiche, lo zenzero, l'aglio, il succo di lime, la salsa di soia, il miele e 45 ml di olio. Azionate il mixer fino a ottenere una salsa omogenea, che terrete al freddo.

• Scaldate una piastra a fuoco alto.

• Sbattete il resto dell'olio con la salsa chili e versate sui calamari. Insaporiteli di sale e pepe.

• Scottate i calamari ca. 1 minuto per parte.

• In una ciotola mescolate tutti gli altri ingredienti (tranne il riso) per l'insalata.

• Distribuite il riso in 6 piatti e coprite i mucchietti con l'insalata e gli anelli di calamaro. Condite con la salsa e servite.

VARIANTE PORZIONI **6-8** PREPARAZIONE **30 MINUTI + TEMPO DI PREPARAZIONE DEL RISO + 1 ORA PER LA MARINATURA** COTTURA **5-10 MINUTI**

Salmone scottato & insalata di sushi

500 g di filetti di salmone, spellati
1 pezzo di zenzero di ca. 5 cm tritato
2 spicchi di aglio, tritati
1 cipollotto, tritato finemente
1 cucchiaio di semi di coriandolo schiacciati
sale e pepe macinato al momento
60 ml di saké
1 ananas piccolo sbucciato e a dadini
1 noce di burro
1 cucchiaio di peperoncino essiccato e a scaglie
1 avocado sbucciato, denocciolato e a dadini
1 cetriolo piccolo a dadini
1 pomodoro grande a dadini
1 mazzetto di coriandolo tritato
1 dose di *sushi-meshi* (*vedi* pp. 14-17)

• In una ciotola, mescolate il salmone con lo zenzero, l'aglio, il cipollotto, il coriandolo, sale e pepe. Unite il saké e lasciate marinare per un'ora.

• Fate sciogliere il burro in un tegame finché non sfrigola. Unite il peperoncino, l'ananas e 2 cucchiai di marinata. Cuocete facendo evaporare il liquido.

• Scaldate un wok ad alta temperatura.

• Scottate i filetti di salmone per 1-2 minuti. Toglieteli dal wok e teneteli da parte.

• Unite l'avocado, il cetriolo, il pomodoro e il coriandolo al riso, rigirando il tutto.

• Distribuite l'insalata di sushi in sei piatti.

• Affettate il salmone e disponete le fettine sulle porzioni di riso.

• Completate con delle cucchiaiate di salsa all'ananas e servite subito.

PORZIONI **4-6** PREPARAZIONE **20 MINUTI** COTTURA **35-40 MINUTI**

Zuppe di miso

LE ZUPPE di miso sono molto consumate e diffuse in Giappone. Nei sushi bar, alla fine del pasto, si serve spesso una ciotola di zuppa di miso fumante.

IL MISO è una pasta che si ottiene dalla soia fermentata. È un ingrediente base della cucina giapponese ed è usato in diversi piatti: dai condimenti per le verdure alle salse per intingere il cibo grigliato o scottato, anche se l'uso più comune è quello per la preparazione delle zuppe.

Nonostante ne esistano vari tipi, la tecnica di produzione è sempr e la stessa. La soia viene lessata e pressata, con l'aggiunta di grano, oppure orzo o riso e l'inoculo di un fungo detto koji (Aspergillus oryzae), e lasciata fermentare per alcuni mesi. È reperibile in vasetti o tubetti e si conserva in frigorifero.

ZUPPA DI MISO AL FINOCCHIO

- 2 cucchiai di olio di semi di sesamo
- 500 g di cuori di finocchio affettati sottilmente
- 1 carota a julienne
- 2 porri affettati
- 2 patate sbucciate e a dadini
- 1 pezzo di zenzero fresco di 2,5 cm sbucciato e tritato finemente
- 1 spicchio di aglio tritato finemente
- 1/2 peperoncino verde a rondelle
- 1 peperoncino rosso a rondelle
- 1 cucchiaino di semi di finocchio
- sale
- 3 cucchiai di miso di orzo in pasta
- 1,5 l di brodo *dashi* (*vedi* pag. 76) o di acqua
- 150 g di crescione tritato
- 5 taccole aperte a libro
- 1 spruzzata di succo di limone
- 1 ciuffetto di crescione per decorare

NELLA PAGINA SEGUENTE: ZUPPA DI MISO AL FINOCCHIO.

Zuppa di miso al finocchio

Step by step

1. A fuoco medio, scaldate l'olio in una pentola capiente da minestra.
2. Aggiungete i finocchi, la carota, i porri e le patate, quindi fate scottare le verdure per 4-5 minuti, fino a farle ammorbidire.
3. Unite lo zenzero, l'aglio, i peperoncini e i semi di finocchio. Insaporite con il sale e continuate a rosolare a fuoco basso per 10 minuti.
4. A parte, sciogliete il miso in 120 ml di brodo o di acqua bollente.
5. Versate il miso diluito e il resto del brodo o dell'acqua in pentola.
6. Fate cuocere per 15-20 minuti, finché le patate non saranno tenere.
7. Aggiungete il crescione e le taccole, poi proseguite la cottura per altri 3 minuti.
8. Completate con una spruzzata di limone.
9. Distribuite nelle ciotole.
10. Decorate con il crescione e servite la zuppa bollente.

VARIANTE PORZIONI **6-8** PREPARAZIONE **15 MINUTI** COTTURA **10 MINUTI**

Zuppa di udon & gamberi

350 g di noodle udon
24 gamberetti (ca. 500 g) già cotti, sgusciati e privati delle teste
150 g di tofu solido e a dadini
2 l di acqua
200 g di miso bianco in pasta
1 cucchiaio di zenzero fresco grattugiato finemente
2 cucchiai di salsa di soia
1 mazzetto di asparagi privati dei gambi e spuntati diagonalmente
350 g di funghi di varietà asiatiche (*Pleurotus*, *shimeji*, *shiitake* ecc.)
100 g di spinaci novelli
2 cipollotti spuntati e affettati sottilmente in senso diagonale

- Buttate i noodle in acqua bollente e fateli cuocere per circa 8 minuti, oppure seguite le istruzioni riportate sulla confezione. Scolateli bene.
- Distribuiteli in 6 o 8 ciotole.
- Coprite ogni porzione di noodle con gamberetti e dadini di tofu.
- In una pentola, portate a bollore il miso con l'acqua, a fuoco medio, mescolando spesso per far sciogliere la pasta.
- Abbassate la fiamma; unite lo zenzero e la salsa di soia, quindi proseguite la cottura per circa 2 minuti.
- Aggiungete gli asparagi, i funghi e gli spinaci, lasciando sul fuoco ancora per 30 secondi, finché questi ultimi non appariranno flosci.
- Versate nelle ciotole, sui noodle.
- Completate con il cipollotto e servite la zuppa ben calda.

VARIANTE PORZIONI **4-6** PREPARAZIONE **15 MINUTI + 30 MINUTI DI AMMOLLO** COTTURA **15-20 MINUTI**

Zuppa di soba

15 g di funghi shiitake secchi
375 ml di acqua bollente
250 g di noodle soba
2 l di acqua
1 pezzo di zenzero fresco di 2,5 cm, sbucciato e affettato sottilmente
2 cucchiai di miso rosso di orzo in pasta
3 cucchiai di miso bianco in pasta
3 cipollotti spuntati e affettati sottilmente in senso diagonale
120 g di funghi champignon affettati

- Lasciate in ammollo i funghi shiitake per 30 minuti.
- Scolateli, conservando il liquido di ammollo, e affettateli sottilmente.
- Buttate i noodle in acqua bollente e fateli cuocere per 4-5 minuti circa. Scolateli e teneteli al caldo.
- A fuoco alto, portate a bollore l'acqua con lo zenzero e l'acqua di ammollo, poi abbassate la fiamma.
- Aggiungete i due tipi di miso, sbattendo con vigore per scioglierli completamente.
- Unite i cipollotti, i shiitake e gli champignon, mescolando il tutto.
- Distribuite i noodle e la zuppa nelle ciotole singole e servite subito.

PORZIONI **6** PREPARAZIONE **20 MINUTI** COTTURA **3-5 MINUTI**

Insalate

SE AVETE in programma di invitare ospiti per una cena giapponese, potrete aggiungere una o due diverse insalate per completare il menu.

MOLTE delle insalate giapponesi hanno come ingrediente principale i noolde udon o soba freddi. Si consumano specialmente nel periodo estivo come piatti da asporto, per esempio per la pausa pranzo, ma sono anche un ottimo accompagnamento per il sushi, da servire con la salsa di soia. L'insalata di cetrioli (sunomono) è un classico della cucina nipponica. Facile e salutare, è davvero rinfrescante soprattutto se abbinata ad altri piatti.

INSALATA FREDDA DI NOODLE

Per l'insalata

250 g di noodle udon
250 g di taccole
le foglie di 2 cespi di lattuga romana
2 carote
1 cetriolo
4 pomodori medi
sale grosso marino

Per il condimento

3 cucchiai di salsa di soia giapponese
2 cucchiai di zucchero
2 cucchiai di aceto di riso
1 cucchiaio e 1/2 di olio di semi di sesamo
120 ml di acqua fredda

NELLA PAGINA SEGUENTE: INSALATA FREDDA DI NOODLE.

1
2
4
5
7
8
10
11
13
14

Insalata fredda di noodle
Step by step

1. A fuoco alto, portate a bollore una pentola capiente colma di acqua e salate.
2. Buttate i noodle e fate cuocere per il tempo indicato sulla confezione.
3. Scolate e sciacquate sotto l'acqua fredda, quindi scolate di nuovo.
4. Trasferite i noodle in una ciotola con acqua ghiacciata.
5. Prendeteli a manciate e strizzateli eliminando il più possibile l'acqua.
6. Posandoli su un piatto, create delle matassine e tenetele da parte.
7. Sbollentate le taccole per 1-2 minuti.
8. Scolatele, trasferitele in una ciotola con acqua ghiacciata e scolate ancora. Asciugatele con un canovaccio o con carta assorbente da cucina.
9. Lavate l'insalata e asciugatela con carta assorbente da cucina.
10. Tagliate la carota e il cetriolo a bastoncini sottili, e tenete da parte.
11. Affettate sottilmente anche la lattuga e le taccole, e tenete da parte.
12. Tagliate i pomodori a spicchi.
13. In una ciotola, mescolate tutti gli ingredienti del condimento facendo sciogliere lo zucchero.
14. Distribuite i noodle e le verdure in 6 ciotole.
15. Versate il condimento a filo sull'insalata e servite.

VARIANTE PORZIONI **4-6** PREPARAZIONE **10 MINUTI + 5 MINUTI DI RIPOSO**

Insalata di cetrioli

3 cetrioli giapponesi o 4 cetrioli persiani
1/2 cucchiaino di sale
60 ml di aceto di riso
1 cucchiaio e 1/2 di zucchero
1/2 cucchiaino di salsa di soia
1 cucchiaio di semi di sesamo bianco

- Tagliate i cetrioli a fettine sottilissime.
- Trasferiteli in una terrina, salate e lasciateli riposare per 5 minuti.
- Strizzateli per eliminare l'umidità.
- In una ciotola, sbattete l'aceto di riso con la salsa di soia e lo zucchero fino a farlo sciogliere.
- Insaporite i cetrioli con il condimento, unite i semi di sesamo e mescolate il tutto.
- Portate in tavola.

VARIANTE PORZIONI **4-6** PREPARAZIONE **15 MINUTI** COTTURA **5-10 MINUTI**

Insalata noodle & gamberetti

Per l'insalata
40 g di semi di sesamo
200 g di noodle udon
500 g di gamberetti sgusciati e già cotti
8 cipollotti affettati sottilmente
1 cucchiaio di alghe *aonori* essiccate e tritate

Per il condimento
1 cucchiaio di salsa di soia
120 ml di saké
2 cucchiai di zenzero fresco grattugiato finemente
2 spicchi di aglio tritati
1 cucchiaio di olio di semi di sesamo

- In un padellino, tostate a secco i semi di sesamo per 2-3 minuti, finché non inizieranno a scurirsi. Tenete da parte.
- Fate bollire i noodle, scolateli e strizzateli seguendo le istruzioni nel video o gli step raffigurati nella pagina a fianco.
- Posandoli sul fondo di un'ampia terrina, create delle matassine.
- Nella stessa terrina, aggiungete i gamberetti, i cipollotti e i semi di sesamo, mescolando il tutto.
- A parte, sbattete gli ingredienti per il condimento.
- Versate la salsa a filo sull'insalata.
- Completate con l'alga *aonori* essiccata e portate in tavola.

Decorazioni

LA PRESENTAZIONE è fondamentale in fatto di sushi: l'estetica di un piatto, infatti, deve corrispondere al gusto.

DECORAZIONI MISTE

1 carota
1 cetriolo
1 limone non trattato

LA DECORAZIONE di un piatto è soprattutto una questione di gusto personale. Come in molti altri ambiti della cultura nipponica, la semplicità e l'eleganza sono da preferire. "Meno è meglio" per l'occhio giapponese: una fettina sottilissima di limone, una rosellina di zenzero oppure una lamella di cetriolo avvolta su se stessa sono spesso sufficienti. Nelle pagine seguenti vi insegneremo a creare velocemente degli originali bastoncini di carota, un minicestino di cetriolo e a decorare uno spicchio di limone. Serviranno un coltello affilato, frutta e verdura fresche e un po' di immaginazione!

NELLA PAGINA SEGUENTE: DECORAZIONI MISTE.

1
2
4
5
7
8
10
11
13
14

Decorazioni miste
Step by step

Quando dovete decorare un piatto, pensate ai colori che avete di fronte: potrete decidere, infatti, se creare un abbinamento cromatico che si armonizzi ai toni del cibo, o se optare per un netto contrasto. Il sushi viene spesso servito su vassoi in legno oppure su piatti mono o bicromatici in ceramica, tipicamente minimalisti. Fogge e stili che si prestano perfettamente a un trio di colori accesi, come quello che si ottiene intagliando una carota, un cetriolo e un limone.

1. Per la carota: sbucciate una carota media e dividetela in 3 parti uguali.
2. Tagliate ognuna a fettine di 5 mm di spessore nel senso della lunghezza.
3. Eliminate i lati arrotondati delle fettine e tagliatele di nuovo a metà sempre per lungo, ricavando dei bastoncini larghi e piatti.
4. Tagliate ogni bastoncino nel senso della lunghezza partendo da un terzo della base, ma senza completare il taglio e lasciando attaccate le due estremità opposte. Capovolgete il bastoncino e fate lo stesso dall'altra parte.
5. Aprite i due lati più esterni del bastoncino intagliato, incrociandoli e formando una specie di "A".
6. Ripetete i passaggi con altre fettine e utilizzate le "A" per decorare gli *hosomaki* o gli ura hosomaki.
7. Per il cetriolo: spuntate un cetriolo tenendolo verticalmente e praticando sei incisioni trasversali tutto attorno alla punta, a circa 2,5 cm dal tagliare.
8. Staccate il cetriolo dalla calotta.
9. Tenete la calotta con la parte concava verso l'alto. Fate lo stesso con l'estremità opposta e ripetete i passaggi con altri cetrioli.
10. Per il limone: spuntate un limone.
11. Tagliatelo a metà nel senso della lunghezza, poi di nuovo in 2, ottenendo così 4 spicchi.
12. Con un coltello affilato, staccate la scorza e la buccia bianca sottile attaccata alla polpa, seguendo il profilo dello spicchio, ma senza arrivare fino in fondo (fermatevi a due terzi della lunghezza).
13. Praticate delle incisioni trasversali sulla scorza sollevata, solo da un lato.
14. Piegate la scorza su se stessa in modo che gli intagli laterali si alzino.
15. Ripetete i passaggi con gli altri spicchi.

Salse & sottaceti

Il sushi è spesso servito con salsa di soia o pasta wasabi. Ma la varietà delle salse e dei condimenti abbinabili al sushi è molto più vasta: si trovano già pronti oppure si possono preparare a casa.

Tra le salse e i condimenti per il sushi, i più comuni sono shōyu (salsa di soia giapponese) e wasabi (in forma di pasta). La prima è portata in tavola in ciotoline in cui il commensale può intingere il sushi. La seconda, invece, di un verde brillante e piccante, è utilizzata nella preparazione stessa di molti tipi di sushi, ma viene anche servita a parte. Lo zenzero marinato è un altro grande abbinamento, anche se in origine veniva offerto tra un piatto e l'altro per rinfrescare il palato. Di seguito troverete la ricetta per preparare delle verdure marinate, ideali per accompagnare sia vari tipi di sushi, che il sashimi.

Verdure miste marinate

- 1 cetriolo piccolo di ca. 15 cm di lunghezza
- 1 carota media
- 1 daikon
- 6-8 ravanelli spuntati
- 1/4 di verza piccola
- 6 spicchi di aglio affettati sottilmente
- 2 cucchiaini di sale
- il succo di 1/2 limone
- 250 ml di aceto di riso
- 150 g di zucchero
- 60 ml di acqua

Nella pagina peguente: Verdure miste marinate.

1
2
4
5
7
8
10
11
13
14

Verdure miste marinate
Step by step

1. Tagliate il cetriolo a metà, per lungo, e con un cucchiaino scavate la parte interna con i semi.
2. Ricavate, sempre nel senso della lunghezza, tre bastoncini da ogni metà e affettate di traverso ottenendo delle striscioline sottili.
3. Dividete la carota in 3 pezzi uguali. Affettate ognuno dei tre nel senso della lunghezza, quindi tagliate a fiammifero.
4. Sbucciate il *daikon* con un coltello affilato ed eliminate le estremità.
5. Dividetelo in parti uguali. Affettate ogni pezzo nel senso della lunghezza, quindi tagliate a fiammifero.
6. Tagliate ogni ravanello in tre o quattro sezioni spesse, che affetterete sottilmente.
7. Affettate la verza a striscioline di 1 cm di spessore.
8. Trasferite tutte le verdure in una ciotola insieme all'aglio e al sale.
9. Mescolate il tutto con le mani per distribuire il sale in modo uniforme e lasciate riposare per 30 minuti.
10. Sciacquate accuratamente sotto acqua fredda corrente.
11. Scolate e strizzate con le mani per eliminare il più possibile l'acqua. Trasferite in una ciotola capiente e bagnate con il succo di limone.
12. In una pentola, a fuoco medio-alto, portate a bollore l'aceto di riso con l'acqua e lo zucchero, mescolando fino a far sciogliere quest'ultimo. Lasciate sobbollire per 5 minuti.
13. Togliete dal fuoco e versate il contenuto in una brocca oppure in una terrina a raffreddare.
14. Versate lo sciroppo acidulato sulle verdure.
15. Coprite la ciotola con pellicola per alimenti e tenete al freddo per 24 ore, o fino al momento di servire.

VARIANTE PER **300 ML DI VERDURE MISTE** PREPARAZIONE **5 MINUTI**

Maionese piccante

250 ml di maionese giapponese o normale
60 ml di salsa *sriracha* o salsa chili piccante
1 cucchiaino di olio di semi di sesamo

- In una ciotola di ceramica o di vetro, incorporate poco alla volta la salsa *sriracha* e l'olio di sesamo alla maionese, fino a ottenere un composto omogeneo e di un colore rosa pallido.
- Trasferite la salsa in un barattolo o in un vaso in vetro con il tappo, chiudete e tenetela al freddo.
- Utilizzate la maionese piccante come indicato nelle ricette o al posto della pasta wasabi, oppure come intingolo da portare in tavola insieme a vari piatti di sushi.
- Si conserva 2-3 giorni in frigorifero.

VARIANTE PER **CIRCA 100 G** PREPARAZIONE **15 MINUTI + 2-3 ORE DI RIPOSO + 5-7 GIORNI PER LA MARINATURA** COTTURA **5 MINUTI**

Zenzero marinato

250 g di radice fresca di zenzero
2 cucchiaini di sale
250 ml di aceto di riso
90 ml di acqua
4 cucchiai di zucchero

- Lavate accuratamente lo zenzero e raschiate via la buccia. Affettatelo sottilmente in una terrina poco profonda. Condite con il sale e lasciate riposare per 2-3 ore.
- Asciugate le fettine con carta assorbente da cucina e trasferitele in un vaso o un barattolo in vetro con il tappo, sterilizzato.
- In una pentola, a fuoco medio, mescolate l'aceto di riso con l'acqua e lo zucchero fino a farlo sciogliere. Portate a bollore e togliete dal fuoco.
- Coprite lo zenzero con l'aceto zuccherato. Fate raffreddare e lasciate marinare per 5-7 giorni. Quando lo zenzero diventerà piccante, assumerà un colore rosa chiaro.
- Al momento di servire, calcolate una porzione di 2 cucchiai a testa, al massimo.
- Si conserva in frigorifero per più settimane.

Indice delle ricette